第一辑 深圳创新发展系列
深圳创新发展2020书系

国际创客的成长摇篮

乐正◎主编

王学龙◎著

海天出版社
·深圳·

图书在版编目（CIP）数据

国际创客的成长摇篮 / 乐正主编；王学龙著. —
深圳：海天出版社，2019.7
（深圳创新发展2020书系. 深圳创新发展系列）
ISBN 978-7-5507-2634-5

Ⅰ.①国… Ⅱ.①乐… ②王… Ⅲ.①创业—企业发
展—发展环境—研究—深圳 Ⅳ.①F279.276.53

中国版本图书馆CIP数据核字（2019）第062068号

国际创客的成长摇篮

GUOJI CHUANGKE DE CHENGZHANG YAOLAN

出 品 人　聂雄前
责任编辑　曾韬荔
责任校对　万妮霞
责任技编　梁立新
封面设计　龙瀚文化

出版发行　海天出版社
地　　址　深圳市彩田南路海天综合大厦（518033）
网　　址　www.htph.com.cn
订购电话　0755-83460239（邮购）　83460397（批发）
内文排版　深圳市龙瀚文化传播有限公司　0755-33133493
印　　刷　深圳市新联美术印刷有限公司
开　　本　787mm×1092mm　1/16
印　　张　14.25
字　　数　200千
版　　次　2019年7月第1版
印　　次　2019年7月第1次
定　　价　88.00元

目 录

第一章　创客与深圳的耦合

第一节　深圳血液中的创客基因

人类社会的发展是一个曲折向前的、不断创新的过程。随着人类直立行走、生产力的发展及工具的普遍应用，人类社会在逐渐向更高级形式的社会演变过程中，生产力和生产关系不断相应地变化。从茹毛饮血、母系氏族及河姆渡时期的稻作农业的原始社会，到剥削阶级和被剥削阶级出现的奴隶社会；再到地主阶级占主导地位的封建社会，并经历了半殖民地半封建社会的特殊历史阶段，拥有五千年历史的中国经历了沧海桑田。今天，我国科技日新月异、经济不断增长、城镇化速度持续提升，改革开放使我国面貌焕然一新，这条"东方巨龙"的发展轨迹令世界瞩目。中华文明之所以能延续数千年且具有强大的生命力，"创新"是最重要因素之一。我国古代四大发明曾为世界的变革带来巨大推动力，今天的高铁技术等巨大创新更被世界各国所倾慕。实际上，创新始终贯穿着人类社会的方方面面，并对人类社会发展进程起到举足轻重的作用。可以说,创新是历史进步的动力,也是时代发展的关键。

1978年3月,全国科学大会在北京召开,邓小平同志明确提出"科学技术是生产力"。1995年,江泽民同志提出"创新是一个民族进步的灵魂,是一个国家兴旺发达的不竭动力"。随着改革开放的发展,我国经济进入了"新常态",关系着我国发展全局性的深刻变革也逐渐到来。党的十八届五中全会上,中共中央总书记习近平同志提出,将创新、协调、绿色、开放和共享作为"五大发展理念",并把创新提到首要位置;同时,还要求创新不但要立足传统,更要突破传统,依托现实情况,从而推动社会变革。可见,创新居于国家发展全局的核心位置。用以创新为首的"五大发展理念"引领时代发展,必将带来我国发展全局的一场深刻变革,为全面建成小康社会、实现中华民族伟大复兴的中国梦注入强劲的动力。于是,深圳市,这个我国最具代表性的创新城市,大量"创客"在为了达到不断创新这个终极目标而努力地奋斗着。

一、改革开放的缩影:一部深圳创业史

深圳,是一座年轻且充满活力的城市,作为我国改革开放建立的第一个经济特区,可以说,深圳几十年的发展和创业史,正是我国改革开放的一个缩影,也是改革开放伟大成就的见证。1979年3月,中央和广东省决定将宝安县改为深圳市,同年11月,广东省委决定将深圳市改为地区一级的省辖市;1980年8月,第五届全国人大常务委员会第十五次会议通过了由国务院提出的《广东省经济特区条例》,批准在深圳设置经济特区,深圳成为我国第一个经

济特区。1981年3月，深圳成为副省级城市。1990年，深圳证券交易所开张。2004年，深圳成为首个城镇化率100%的城市。改革开放总设计师邓小平同志分别于1984年和1992年来深圳进行考察，特别是1992年的"南方谈话"指出，计划经济不等于社会主义，市场经济不等于资本主义，特区姓"社"不姓"资"。在国家政策的支持下，在大批创业者的奋斗下，深圳成为我国改革开放的一块"试验田"，"改革""创新""创业"已经成为深圳的灵魂。深圳将"来了就是深圳人"作为城市口号，激励着一代又一代的创业者。

根据2016深圳统计年鉴，截至2015年底，深圳已成为拥有1137.87万常住人口的超大城市；同时，1.75万亿元人民币地区生产总值和"十二五"时期年均19.8%的经济增长率也给全国人民交上了一份满意的答卷。值得注意的是，随着深圳创新速度的不断提升，产业就业人员的比重也在出现着微妙的变化。2010年底，深圳第二产业和第三产业就业人员比例（第一产业就业人员比重为0）分别为51.5%和48.5%，而2015年底，这两大产业的就业人员比例变为46.6%和53.4%，即工业的比重不断下降，第三产业的比重不断上升。实际上，第三产业的发达程度是衡量一个国家或地区是否发达的一个关键性指标。深圳市第三产业就业人数比在1995年和2005年分别为32.5%和41.8%，其增幅之快有目共睹，特别是2015年，第三产业产值已占到了地区生产总值的58.8%。根据深圳市统计局的数据显示，2015年，深圳七大战略性新兴产业出现飞速发展的势头。其中，生物产业增加值为254.68亿元，较上年增长了12.4%；互联网产业增加值为756.06亿元，同比增长19.3%；新能源产业增加值为405.87亿元，同比增长10.1%；新一代信息技术产业增加值为3173.07亿元,同比增长19.1%;新材料产业增加值为329.24亿元,同比增长11.3%;文化创意产业增加值为1757.14亿元,同比增长13.1%;节能环保产业增加值为327.42亿元,同比增长12.0%。这七大战略性新兴产业均为第三产业。从中可以看出,深圳创新程度不断加强,创业者越来越倾向于新技术、高科技等行业,而深圳未来的创业史也会在这些技术含量高的行业中继续书写。

二、"大众创业、万众创新"与深圳未来发展

深圳作为我国的第一个经济特区,这个"改革开放的窗口"以"深圳速度"迅速发展,深圳的创业史也成为我国改革开放取得的伟大成就的缩影。同时,深圳也成为最具代表性的"创业"城市,"拓荒牛"的创业精神被世人所称赞。

2014年9月,李克强总理在夏季达沃斯论坛上公开发出了"大众创业、万众创新"的号召,"创新、创业"再次成为热门词语。2015年6月4日,国务院常务会议对"双创"的深入发展提供了政策方面的支持,如鼓励地方设立创业基金、对小微企业和孵化机构等给予税收支持、创新融资方式、取消户籍和学历等妨碍人才自由流动的因素等。"双创"也进一步得到了国家政策层面的支持。2016年10月,全国"双创"活动周在深圳举办,深圳再一次掀起了创新创业的新浪潮。

深圳建市虽然只有40年,但却在文化发展和科学研究等方面下了较大的功夫。目前,除了深圳大学、南方科技大学等本地高等院校之外,北京大学、清华大学、香港科技大学及一些国外顶尖

大学均在深圳设立了研究生院、科研机构及分支，这无疑大大加强了深圳的创新能力。同时，科研机构或园区的数量也在不断增加，如深圳高新技术产业开发区、深圳虚拟大学园、深圳先进技术研究院、国家超级计算深圳中心（深圳云计算中心）、深港创新圈等；此外，深圳具有代表性的大企业在国际范围纷纷设立研究院，软实力的不断提高为深圳创新能力的持续加强提供了较为坚实的保障。随着量变不断积聚达到质变，深圳创新能力已跃居全国前列。据《深圳特区报》报道，深圳每万人发明专利拥有量达到发达国家水平。另根据对世界知识产权组织（WIPO）的PCT（Patent Cooperation Treaty）专利数据库的分析统计，截至2016年底，深圳PCT专利累计69347件。在全球性的创新活动活跃的城市和地区当中，深圳居世界第二名，仅次于日本东京的261308件，领先美国硅谷的59762件。

事实上，中央政府在推动"双创"的同时，在这股浪潮中最重要的就是要在不断创新的情况下吸引优秀人才、培养潜力人才及留住创业人才，这样才能为创新和创业做出人力资本的支撑；与此同时，对地方政府而言，引导人民群众创新创业，大量培养优秀创客，不但需要有配套的政策措施，还要搭建相应的孵化平台。对于创客们而言，成功者毕竟是少数，不是任何创客都能创造像华为、腾讯和中兴这样的创业神话。因此，很多企业如果对自己的知识产权保护，以及专利保护无能为力，极容易被国内外有实力的大公司或竞争对手所复制，从而过早被市场扼杀。反观深圳，前文提到的专利情况不但对其创新活动产生积极巨大的正面效应，同时也能反映出深圳对创新创业的决心和态度。近年来，"双创"事业大大激发深圳创客们智慧和创造力的迸发，深圳也以更为积极的态势，在顶层设计上形成了"双创"所需要的特殊政策措施和发展环境，吸引来自全球的胸怀创意的、充满活力的创客扎根。在"双创"成为我国经济发展新常态、新引擎的大环境下，深圳得益于大量有抱负的优秀创客，以及持续性的创新，不断在"双创"浪潮中发掘新的、更大的机遇。可以说，深圳自成立以来，身体里便流淌着创新和创业的血液，而其血液中天生携带着大量创客的基因。

第二节　深圳创客的发展与机遇

"创客"是近几年来比较时髦的"热词"。特别是在深圳举办全国"双创"活动周之后，创客又一次成为整个社会关注的焦点。创客，英语为Maker，源于美国麻省理工学院微观装配实验室的实验课题，这个课题以创新作为理念，将客户作为中心，以个人设计、个人制造为核心内容，参与实验课题的学生即创客。从汉字上看，"创"是指创造，"客"是指从事某种事情的人。因此，创客是指那些不完全以盈利为目的，在很大程度上是出于兴趣和爱好，努力把梦想转化为现实的人。在我国，创客指具有创新理念、自主创业的人。创客最重要的标志就是掌握了生产工具，坚守创新，持续实践，乐于分享并且追求美好生活。总而言之，创客就是"玩"创新的创业人群。

创客是创新的最主要推动力，同时往往能取得"花小钱办大事"的成效。目前，深圳不但是最具创新能力的城市之一，而且是我国最为著名的创客城市。2015年3月10日，美国纽约时代广场的大屏幕上呈现了"MAKE WITH SHENZHEN（与深圳共同创造）"的巨幅广告。这不但是对"2015年深圳国际创客周"的主题宣传，同时也彰显了这个"创客之都"对创造的强烈渴望。

一、深圳创客的发展与其必然性

多年前，欧美创客用不到波音公司研制飞机1%的成本研制了无人机，这架无人机实现了众多的功能，人们由此看到了创造的力量。随着"大众创业"理念的进一步深入，深圳的创客也呈雨后春笋之势大量增加。新思维、新创意在深圳创客脑海中纷纷涌现，创客的春天到来了。事实上，深圳本来就是一本创客创业的"活教材"：1987年，华为只是一个注册资本只有2.1万元的小作坊式企业；1998年，腾讯在深圳起步，踏上了创业征程；以毕业设计为创意开端的大疆，短短9年时间就发展成为全球民用无人机的领航者，更是开启了一个崭新的大众无人机时代。可以说，深圳天生就是创客创业的天堂，其骨子里更是自来具有创客的强大基因。

在2015年的"创客周"上，创客的创意产品不禁让人眼前一亮：柔宇科技的柔性显示屏，厚度仅有0.01毫米，不足头发丝直径的五分之，其卷曲的半径可达1毫米。光启科学的马丁飞行喷射包，是全球首款商业化和实用化的飞行包，飞行包由汽油发动机提供动力，可以垂直起降，也可以快速前进；飞行包载重量达到了120公斤，最高时速80千米，航程50千米，可在1000至1500米的高空飞行。深圳天鹰兄弟的智能农用植保无人机，采用智能程控自动巡航作业，为国家农业大数据工程提供产品和服务支撑……

为什么深圳如此适合创客创业和发展？归纳起来，创客在深圳创业发展有一定的必然性，主要有以下三个因素：

首先，深圳的创业环境和相关政策是创客成长的关键因素。在深圳，创客群体大都比较"草根"，没有什么背景，这种"草根"背景相对于北京、上海的同类群体而言显得微不足道。北京、上海由于历史原因和政治原因，其中的创业者很多具有政府、国企或大财团背景，即使背景相对欠佳，也不乏大公司前高管或世界名校的海归博士。而深圳，虽然也不乏这样的创业团队和创客，但更多的却是平民家庭出身的大学生，或是继续深造成为名校博士的"草根"青年。同时，私企出来的"单飞"技术员，或不满足现状的白领们，"草根"朋友圈子的一小伙人凑在一起，一个主意激活了创业情绪，白手起家，说干就干。正如最初的华为、腾讯白手起家一样，深圳有着太多的"草根"创业成功的案例。此外，深圳支持创客发展，更有实实在在的政策和资金投入。深圳市政府在科技研发资金等相关的财政资源方面给予了大力的倾斜。据《深圳特区报》报道，2015年6月，深圳市政府出台"三年行动计划"及"促进创客发展的若干措施"。同年9月，赛格创客汇、华强北国际创客中心等21家创客空间，获2015年创客专项资金创客空间（第一批）拟资助项目，总金额达到2800万元；同时，中芬创意产业园、矽递科技等15家公司成为创客专项资金首批资助的企业，资助金额为100万元至200万元不等，资助总额达到1980万元。综上，深圳本身的非政治化、商业化发展模式及创业环境，是培养创客的天然肥沃土壤；深圳市相关政策和导向也是扶持创客崛起的决定性因素。

其次，宽容的城市氛围是深圳吸引优秀创客的必要条件。深圳的城市口号是"来了就是深圳人"，这给这座移民城市赋予了独特的大气和宽容的特征。

最后，深圳具有独一无二的地域和产业链优势。深圳毗邻香港，信息流、人才流均是其他城市没法相比的。深圳也抓住了地域的绝对优势，依靠金融、IT方面抢占先机。这两个领域可以产生大量就业岗位，特别是腾讯、华为、中兴等"航母"级别的互联网、通信企业，更是吸引了大量优秀人才。正是由于这些"航母"级高科技企业的存在，深圳电子信息及互联网产业发达，加上先进制造业的优势较为明显，故具有完备的创客产业链基础。在深圳，创客可以顺利完成从产品研发到做出样品，再到批量生产的整个循环过程，因此有不少创客将深圳称为"硬件好莱坞"。另外，在"互联网+"时代，特别容易产生政策受惠的创业者。既然要创业，难免要与众筹、股权融资、利益分享、股份转让等方面打交道，这些都需要大量的配套服务企业。于是，深圳在金融方面的优势又显现出来了。由此可见，深圳具备绝对的地域优势，并且能够提供创客所需的完整产业链，故创客在深圳的迅速发展是一个必然。

二、深圳创客的机遇

总体而言，深圳创客群体大致可划分为两种类型：一种类型是入门级创客（Zero-to-Maker），即创意阶段的爱好者，执着于一个兴趣并寻求创意实现的指导和资源；另一种类型是进入市场的创客（Maker-to-Market），即创业型创客，其目标是实现创意的产品化、产品的市场化。无论是哪种类型的创客，深圳都能为其提供良好的平台和发展机会。对于创客而言，深圳能够给予他们无限的可能性和机遇。这表现在以下几个方面：

第一，越来越多的创客空间和孵化器不断涌现。创客在进行创业时，一般会依托创客空间来完成自己的创意。深圳目前有一批已具有较大知名度和影响力的创客机构，如柴火空间、创客工场（Makeblock）、开放制造空间（Techspace）、矽递科技（Seeed Studio）等100多家。同时，各区及相关机构也在着手布局，规划建设一批创客空间载体。按政府的规划，到2017年底，深圳全市创客空间数量将达到200个。此外，一些高校和新型科研机构也会产生孵化器功能，将"产学研"有机融合，形成完整的产业链。可以预计，在未来，将会有越来越多的专业型创新人才和优秀创客被培养出来。

第二，"单飞"创客成为一种趋势。随着深圳完善的人才机制和相关扶持政策的陆续出台，创客创业的积极性会持续受到正向刺激。很多企业的员工会利用这一新机遇最终加入创业大军。实际上，这种趋势目前在腾讯等深圳大型公司体现得较为明显。腾讯作为世界上最大的互联网公司之一，公司的客户、信息、管理经验和运营模式等多方面优质资源是很多创业者无法接触到的。腾讯也借此契机，形成了独具特色的"腾讯创业系"，并培养了一大批优秀的创客。这些创客往往是放弃腾讯优厚待遇的前员工，业内也常用"单飞企鹅"来形容他们。"单飞"创客通过巨头企业孵化器平台，往往能取得意想不到的高额融资，同时也能借助巨头企业的工作经验、管理经验及社会资源等，合理用于创办的企业中，获得事半功倍的效果。

　　第三，创客集聚产生"裂变效应"。深圳以独特的地域和政策优势，吸引着大量的创客进行创业。特别是在深圳科研机构创新强劲、高科技公司云集的情况下，大量创客的集聚更容易产生思想、创意的碰撞和共鸣，产生"裂变效应"。

第二章 深圳创客发展硬环境支撑

第一节 创客硬环境建设实践

一、南山区：新型科研机构以及创客中心

南山区拥有丰富的高端创新资源，汇集了大量的创新载体、科研机构和高校，还有大量上层次的创新创业载体，聚集高端创新人才的步伐正在逐步加速，相关的创新创业工作取得重要的成就。令人瞩目的是，南山区相关创新创业气氛良好，企业、产业、创新、生态等充分融合，形成了特色发展又互依互存的创新创业环境。

南山区拥有一批新型科研机构，包括中科院深圳先进技术研究院、光启高等理工研究院、深圳清华大学研究院、深港产学研基地、深圳航天创新研究院等。借助这些脱胎于传统科技体制的新型科研机构，创客可与师资力量雄厚的科研机构一起，走出产学研融合的创客之路。2014年，"国际创客中心"在南山设立。该中心定位于"公益性的独立经济实体"，积极寻找有效的运营规律

及赢利方式；积极完善相关的产业链。创客中心每年都会招募大批量的创客入驻，并且吸收国内外前沿的方法，用于对创客进行培养和教育。不仅如此，为了促进交流，"国际创客中心"每月举办一次沙龙活动，大中型创新交流活动更是频频出现在创客的日常活动中。为了促进创业孵化的进程，中心每年引进数十个项目进行创业孵化扶持。

如今，南山区的相关先进的前沿研究机构不仅有民间协助创建的"民办公助"类，最具代表性的是光启高等理工研究院；还有引进共建的"国有新制"类，最具代表性的是中科院深圳先进技术研究院和深圳清华大学研究院等。

为了使创客及创客基地得到更好、更大的发展，南山区制定了一系列的政策来扶持产业空间和相关创客服务体系。南山区充分整合资源，结合自身优势，充分协调发展加速器和孵化器等，给创客提供更加有利的生存发展空间。

二、福田区：为创客带来天堂般的体验

福田区不断完善发展支持相应的公共服务措施，研究开发公共技术平台以及相应承载条件，不断提高公共服务水平，使得创新能力不断加强。艾斯伊斯国际技术转移中心、国新南方知识产权研究院、中美企业创新中心、中英创新中心、国家卫星导航产品监督检验中心等各类创新平台纷纷落户福田。华强北国际创客中心、赛格创客中心、深圳开放创新实验室、京东·E港智能创客空间、科技寺、Haxlr8r硬件创业孵化器等创客载体蓬勃发展，有效地激发了

社会创新创业热情。

福田区完善人才公共管理体系,尽可能配售人才住房,并做好相关龙头企业的引导工作,推行相关的企业服务标准体系,使得相关的试点项目可以得到很好的发展。除此之外,为企业进行定制服务,建立相关企业总部档案也是福田区的特色之一。

福田区通过搭建资金、空间、人才、产业等资源融合配置平台,为发展中的企业提供一条龙服务。与此同时,政府加大力度扶持新兴产业,引入大量的资金,编制有效的载体地图,建立企业资源数据中心,引导相关金融产品的发展并形成一定的生态闭环。在发展相关创新创客新兴产业的同时,福田区没有忽略虚拟经济的作用。互联网金融是一个蓬勃发展的新兴行业,福田区依托强大的人才、资金资源,推动相关电子商务行业的发展。

三、宝安区:创新创业后起之秀,创客空间新投入

宝安区的工业发展在深圳具有重要的作用,是深圳的"产业大鳄"。其相关的工业设计、产品优化、手板制作、量产配套等产业链条,对于创新创业具有得天独厚的优势,一直是创客热爱的地方,也是资本汇聚之地。

一方面,宝安区这些年来不断完善创新创业工作,以政府引导、企业主体为准则,充分利用本区产业特色,尽可能均衡各方资源。另一方面,宝安区大力支持创客空间及相关孵化器的发展,鼓励公共事业发展,通过创业大赛等赛事完善创新生态体系。

2016年下半年,一批创客基地获得授牌,包括开放制造空间

2.0、优创空间、智客空间、大工坊创客实践基地、创业二路等创客基地。同时，宝安区在鼓励创新上拿出了真金白银，向区内重点科技企业代表发放了人才住房钥匙。

宝安区为了推进相关产业的建设，在福永北、沙井等地划出了相当大的区域用于创新创客生态环境的建设，创建现代化、科技化的创新创业产业社区。通过集聚相关产业链和资金链，宝安区的相关资源得到充分利用。

有了园区，更需要好的项目。在《关于大力发展创客活动，促进大众创业的若干措施》的推动下，宝安区以建设众创空间及孵化器为重点，竭尽全力做好做大创业大赛，并且保证对创客进行全方位的创业指导。宝安区不仅给创业者提供足够的资金流及相关政策支持，并且每年会为创客免费安排入驻点。宝安区现已拥有国家级科技孵化器2个（四方网盈创业港湾、桃花源科技创新园），国家级科技孵化器培育单位2个（众里社区、中粮福安），国家级众创空间2个，省级众创空间试点单位3个，市级创客空间2个。

四、龙岗区：建设工业园，支持创客空间

龙岗区被国家授予"全国科技进步先进区""全国科技进步示范区""全国科普示范区"三项荣誉。不仅如此，龙岗区在国内孵化产业中起着极高的孵化作用，于2016年建设了30个创客空间，并且再次启动创客空间建设项目。

龙岗区采取"综合整治""拆除重建"等手法对工业园区进行改造升级，并引入一系列顶尖的机构。与此同时，龙岗区加大对优

秀人才和空间的补贴力度，不仅给予基本的津贴，并且对成功孵化的项目或者空间载体给予一定的奖励。全国首个"众创TV"也成功在龙岗区开设，并且在校园成立相关的合作示范基地。

龙岗区对于众创空间出台了"1+1"扶持政策，即《关于发展众创空间推进大众创新创业的实施意见（试行）》《关于加快科技服务业发展的实施意见（试行）》。一方面，最高30万元的租金扶持及最高50万元的运营扶持将给予创客空间，最高50万元的租金扶持及最高80万元的运营扶持将给予创业苗圃。另一方面，通过公租房或者住房补贴等吸引人才，留住人才。

五、罗湖区: IT产业带动罗湖发展

罗湖区十分重视群众参与创新创业的积极性，在全区范围内推动"创新、创业、创客、创投"四创联动，加强重心打造"海外人才创新创业基地""极客星云""MFG创客联邦""伞友精准医疗""中科美城""小样社区""国际珠宝设计师"等有各自特点的孵化器项目。

罗湖区拥有产业园区约15个，综合面积大于50万平方米，吸引了一大批优秀企业如慧视通、世强先进电子、一达通等进驻。同时，罗湖区还拥有多个以互联网为核心的园区，包括珠宝主题产业园、互联网金融主题产业园、电商服务商主题产业园、互联网旅游主题产业园、跨境电商主题产业园等。这些园区不仅为自己的发展谋方向，并且注意带动周围的产业发展，使得"互联网+"落到实处，帮助相关产业进行了转型升级。

罗湖区根据"大梧桐新兴产业带"规划与布局,将重心放在孵化器的建设上,为团队或者企业的产生、孵化提供了全方位的帮助和保障。

2016年3月底,世贸联合基金总会创新及科技委员会与罗湖区联合举办深港IT业交流会,首期抽出1000万元的资金用于加强与本区电子商务产业联盟的合作,以IT和互联网产业为核心,共同建造国际创客空间,为深港两地青年的创客创新活动提供坚实的保证,培养大量优秀创新创业精英。相关创客空间不仅会以投融资等服务进行扶持,为两地青年的创新创业活动提供一个优质的舞台,而且也会在政府的帮助下,为初创团队和企业提供场地支持和导师资源。

六、光明区:发挥特色,推动孵化器发展

光明区以创新为发展目标,充分结合自身资源发展高新科技,是深圳"9+2"高新技术产业带的一个不可缺少的重要力量。光明区积极支持新兴产业发展,大力扶持IT产业、高分子产业发展,使其成为工业总产值的重要组成部分,也在很大程度上促进了创客创新创业活动的开展。随着光明区相关政策的实施,光明区逐渐成为西部高新技术产业主体功能区中重要的　区。

光明区将继续建设更多孵化器,包括智能制造领域的创客空间,也有内衣、家居服装、智能自行车、智能钟表等领域的创客空间。这些众创空间有的已经完成初期的建设,吸引了大批创客入驻。

积极打造完善创新创业载体,将各个创业园集中打造成一个

"四通八达"的大型创业园,是光明区吸引人才的强力政策之一。与此同时,园区为了吸引"海龟"回国进行创新创业活动,积极开拓线下线上相结合的引流通道,搭建了一个极具特色而有效的"生态环境"。同时,积极搭建人才交流平台、推广宣传平台,规范人才引入政策,积极组织相关交流会,举办展示会等,使得平台更加完善高效。

光明区正在不断提升创新能力,积极开拓探索与校企合作的渠道,开创新的创新载体;同时加强与国内外知名高校的联系,使其可以充分合作,产生一批优秀的研发机构,提高光明区的研发能力。同时,在政府的鼓励下,光明区大力推广企业创建工程中心,加强完善创新创客创业链的发展。

光明区不断发挥自身优势,结合制造业的特点,将为创客创新服务,并为其发展提供坚实的保障。

七、盐田区:发挥旅游创意行业在创客活动中的作用

盐田区产业转型升级已经得到发展,创客活动也在不断进步。盐田区筹建数个创客空间,将会依托区内独特的自然资源和地理资源,即借助盐田的山海资源和东部华侨城的资源等,积极打造具有旅游特色的创客文化。此外,结合中英街与众不同的历史背景故事以及创意港等建设具有文化特色的创客氛围。再者,在政府的大力支持下,将鼓励华大基因创造独特的基因创客文化,通过其独特的魅力和坚实的研究基础吸引更多海内外人才以及海内外新兴生物发展企业,从根本上推动盐田基因创客领域的发展。

产业园区也将是盐田区积极建设的对象。盐田区创意港已吸引了数百个项目或者公司入驻,并且通过自身有利的优势条件,帮助许多企业完成了孵化。

盐田区将创新发展定为经济发展的一个重要目标,大力创建创新创业氛围,在氛围的建设中不断提高盐田区创业创新能力。对此,盐田区采取了一系列的政策:一方面,吸引更多优质企业入驻,继续加强对企业总部的支持,保证已经入驻的企业总部得到重视和发展;借助于盐田区独特的文化和自然优势,继续吸引海内外商家入驻和资本流入,争取吸收超大规模国企入驻,以此形成规模,达到更加快速有效的发展。另一方面,以创新创业为核心发展目标,加强创新型园区的建设,积极建设优质空间、载体,对人工智能领域进行大力的支持,吸引更多社会人士加入创新创客的热潮。

八、大鹏新区:启动生物创客空间建设

国际生物谷坝光核心启动区于2016年开启,大鹏新区依托生物谷,积极进行华大社区的规划建设,并且做出对生物家园的安排组织工作,落实到分期,逐步对生物创客空间进行扶持建设。此外,新区以创新驱动发展,充分引入创客空间等,积极建设公共服务生态,对相关企业也给予了政策倾斜。

大鹏新区是推动"大众创业、万众创新"的重要力量,在工作推行中,积极重视妇女在创业创新活动中的作用,帮助并且鼓励妇女进行创新创业服务,实现女性自立自强的发展。与此同时,也积极为女性创新创业活动提供咨询和引导服务,对女性进行电子

商务的培训服务，发挥女性在创业大潮中的作用。而为妇女提供适当的投融资服务也是必不可少的，除了基本的政策补贴扶持，更在一定条件下充当担保作用，为妇女创业提供资金解决方案。

九、坪山区：在留学生创新产业园建设"创客之家"

坪山区重视创客的入驻，并加大力度发展创新创业活动。在坪山区留学生创新产业园建设坪山区"创客之家"。坪山区大力扶持创客创新创业活动的开展，充分调动科技金融资源，为大中小型创新企业提供全面的、及时的、精准的融资服务。同时全力落实深圳"东进战略"，打造深圳"东北门户、智造新城"，在产业发展中由"制造"向"智造"转变，支持中小企业发展，创客空间将为创新型企业提供支持。政府以建设"众创空间"为主要想法，充分调动整合资源，最终落实具体的相关政策。

坪山区具有丰富的生物产业资源，医疗器械、生物医药和体外诊断试剂三个方向发展迅猛，在全国处于领先地位。坪山区充分结合创新创业发展的特点，依托于区内的生物产业优势，借助"双创"的势头，积极分析生物创新创业发展的趋势以及预测未来的着重点，充分整合区内的经济、技术等资源，为生物产业创新创业发展给予政策支持，使得坪山区生物产业化得到迅猛发展。

此外，坪山区将互联网和创客平台紧密连接在一起，根据不同生命周期的发展需要，建设相关的加速器、孵化空间等，让新兴发展的企业可以得到咨询、培训、人才、借款等一系列服务，实现创新创业的集群孵化新模式。

十、龙华区：诚邀四方创客，打造"创客乐园"

龙华区正加快建设类似于"宝能科技园"这样类型的产业园。在龙华区的布局中，将会召集大量创客，邀请他们入驻。龙华区注重创新驱动力量的发展，政策将对相关产业发展以及人才引进进行倾斜，致力于打造一个适合创客积极进取的"创客乐园"。与此同时，龙头企业、行业协会或者高等院校等将会被大量邀请进驻，国内外优秀的企业机构或者个人在此将会得到巨大的支持，由此将形成一定的力量聚拢和人才聚集。

龙华区在供应链资源和生产性工厂上有很大优势，可以全方位及时地为创新创客提供一系列智能硬件建设的支持以及供应链资源、工厂资源的引导，让创客在智能硬件上更胜一筹。

龙华区将会依托区位和深圳北站的交通优势，借助西丽大学城科研教育机构的研发力量，对各类项目资源进行积极对接，将留仙大道和轨道5号线沿线区域打造成全国具有领先地位的集高水平科技和交通便利的创新创业中心。除此之外，龙华区每年将拿出数亿元人民币，专门用于支持相关项目的发展、相关载体的发展以及人才的引流。

第二节 深圳重点创客空间

一、柴火创客空间

（一）柴火创客空间的背景与概况

柴火创客空间寓意于"众人拾柴火焰高"，是一个不以赚钱为目的的组织，创始人是矽递科技股份有限公司总经理潘昊。柴火创客空间为具有想法和创意的人们提供思想自由交流的场所以及创意作品展示的场所，在此不仅可以得到思想碰撞，并且可以使创意变成实际产品。它的基本运营主要是靠个人或者组织赞助，同时收取会员费以及提供场地寄卖物品、租借场地的租赁费。

柴火创客空间拥有"前店后厂"两个区域："后厂"即VIP区，仅限于给柴火的高级会员和驻场会员使用，不对公众开放。只有"前店"才没有人流限制，即面向公众开放、承担创客文化传播等功能的A5栋227，包括创客体验区、项目展示区、设备工具区、分享区和工作区；虽然面积只有60平方米，但每年创客空间却能接待数万名参观者，参加活动者也超过了一万人。其独特的参考浏览方式让人记忆深刻。参观者不再是"眼看手勿动"，而是可以亲身参与到其中，利用空间所给予的工具进行创意制作，充分体现了空间"人人都可以成为创客"的口号。

柴火创客空间不仅仅是一个创客空间，它同时也是一个机器科技场所。电子开发设备、机械加工设备、激光切割机等都会出现在柴火创客空间，同时创客空间也会定时举行交流会。

2015年1月4日，国务院总理李克强参观了柴火创客空间，认为柴火创客空间的创客们独具匠心，拥有无限的想象力，创造的产品不仅有着独特的魅力，而且可以充分适应市场，称赞柴火创客空间对创客活动做出了巨大的贡献，对柴火创客空间的一系列做法和措施给予充分的肯定，认为其一系列的创客活动充分展现了深圳创新创业文化蓬勃的生命力。总理希望深圳大力发展类似柴火创客空间的优秀企业，把它们变成深圳创新事业源源不断发展的动力。

柴火创客空间就是在一个场所中聚集世界各地拥有相关领域特点的人，让他们可以在这个场所中迸发出神奇的火花。柴火一直希望让更多人变成创客，希望让来源于生活的创新创业变成人们的一种情感宣泄方式，甚至可以成为大多数人心中的追求。

柴火创客空间不甘于现状，积极向全世界学习。而Maker Faire则是柴火创客空间最大的学习对象。在得到授权后，柴火创客空间从2012年起开始模仿Maker Faire，在深圳举行相类似的活动。2014年，柴火创客空间举办的Shenzhen Mini Maker Faire升级为Featured Maker Faire，使深圳成为全球第七个举办具有城市特色Maker Faire的城市。

创客文化的推广离不开创客教育，柴火推出创客教育计划。到2016年3月，柴火创客空间已与全国47所中小学共建了校园创客空间。柴火创客空间已拥有注册会员约4000人，两个优秀的团队光晕科技、蓝胖子科技已获得千万元人民币的融资支持，并且已经自己独立进行活动了。

（二）柴火创客空间的亮点项目介绍

1. Ai.Frame

这是一个独具特色的机器人，它的所有运动都是通过手机、游戏操控器、控制板和两只机械臂来进行操控的。它在用户的操作下可以模仿人类进行射击等一系列真实动作。

Apollo是一类Ai.Frame机器人，有A、B、C三种型号：A型号为重装性型号；B型号拥有很强的机动性，十分适合运动；C型号类似于高精度的仪器。它们都拥有一样类型的骨架，采用一样类型的外壳零件，同时有着20多种组合颜色。第二类机器人叫Rex，它是双足机器人，与前面的Apollo机器人不同的是它拥有98个零件，而Apollo有109个，并且它是由椴木层板和亚克力材料制成，只有5种颜色。

在拼装以后，用户可以随心操控机器人进行一系列的活动，这一系列活动都是基于对人类的模仿。而实际上使得机器人做出指令要求的主要是控制板，它拥有许多的滑块，一部分滑块是控制机器人的舵机，另一部分滑块就是以后用来应对机器人复杂化、精密化的处理或者外部装饰的。在"打点"的操作下，用户可以任意拖动滑块，自定义地指定动作序列和动作指令。正是因为舵机特殊的设计角度，刚好对应上了正常人身体的关节，因而可以模仿人类进行大多数的活动，非常具有趣味性和创造性。同时，设计师会提供一定的模板，给予用户足够多的创作空间。

为了迎合更多高端用户的需求，在Smart版本里面，机器人可以利用其超声波传感器和红外线传感器自己规划路线，并且自觉地躲开前方的阻挡物。这个Smart机器人还基于陀螺仪和音频模块,拥有自动平衡的功能和语音识别反馈控制。这个版本的机器人的DIY范围更大,可以将不同的机器人进行自由的组织。亦可以按照用户的个性需要,自由添加一些特定的武器装备,等等。在未来,为了迎合技术爱好者,公司将会放出一些模型,供用户自行编写动作算法,满足他们的好奇心。

2. UFactory—uArm

uArm(UFactory的第一款产品)是一个四轴并行机制的机械臂,uArm团队的灵感来源于ABB PalletPack工业机器人。uArm作为消费级,跟工业级当然有所不同:它是由丙烯酸或者木材制成,面积只是和普通书籍差不多,在Arduino兼容板控制下进行活动。它可以轻松完成捡东西、放东西等一系列同步于操作的活动,而这些活动则是用户通过给予体感感应器手势操控的。

uArm从2014年开始了它的众筹活动。在2014年1月,它成功筹集了25万美元,成为所在众筹网站中筹款最多的一个团队,包括美国最大的众筹平台Kickstarter的官方账号、谷歌X实验室都对这个产品进行了一定金额的资金扶持。美国最大的桌面3D打印公司Makerbot联合创始人扎克·霍肯通过1000美元的捐款获得了去uArm公司的车间生产组装产品的机会。

主攻教育市场,主打机器人教育平台。现在国内外都很重视机器人。这其实也是一个很大的市场。在教育领域,类似NAO、PR2等机器人都太过昂贵,而其他廉价的机器人性能和质量都不是特别好,真正的工业机器人离教育领域又很遥远。接下来,UFactory会针对学校推出廉价版本的机械臂,希望能够以质优价廉的机器人抢占教育市场。

3. f.PET

f.PET全称为folding personal electrical tool, 是一个非常便利的个人代步小车, 可以进行很舒适很方便的骑行, 也可以被折叠成箱子, 携带非常方便。

(三)柴火创客空间的运营方式与盈利方式

柴火创客空间一方面依靠第三方赞助、社会捐赠, 另一方面通过提供场地给产品进行售卖获取租赁费用等形式维持正常的运作, 是一个不以盈利为目的的组织。

未来, 柴火创客空间将通过与万科以及华侨城等进行合作, 实现创客2.0空间, 以此作为盈利基点, 逐渐改变目前由母公司补贴经营的状态。

(四)柴火创客空间未来的发展

1. 领先于时代, 进行创客教育活动

柴火创客空间除了让教育系统的专家及老师认同了创客思想创新精神, 还努力推广和发展创客教育。即在创客空间通过提供相关工具、配件产品、课程教案等对相关老师进行专业培训, 之后, 这些老师可以充分激发学生的创想、创造。同时, 创客空间给学生提供了一个将创意转为现实的平台, 帮助学生把在校园内的各种创想转为现实创造。

柴火创客空间一方面强调创客基础教育的发展, 可以把柴火创客空间创造的教育产品或者相关的学识融合到国内教育中去;

另一方面，为促使学生创新素质的提升，培养学生的创新思维能力，柴火创客空间也会定期举办创客青年训练营，定期对学生进行教育训练，使创客文化能够持续不断地发展。

2. 创客空间2.0

目前，深圳市已拥有数百家创客空间，激烈竞争将会导致一定数量的空间面临结业。造成创客空间"泛滥"的主要原因是，深圳市没有足够多的创客来满足创客空间，即创客空间市场已经趋近饱和。最核心的问题是，创客空间本身的局限性，难以将项目产业化，许多项目并不具有实际盈利能力，因而项目本身的后续理念和价值也不能够实现。为此，柴火创客空间将创客产品和产业化紧密联系在一起，这就意味着，相关的产品将对一定的产业起促进作用，并且这类产品也可以发挥本身独特的优势，最后实现其理想和价值。同时，柴火创客空间在进行创新创业孵化工作以外，还不断宣扬创客文明。

柴火创客空间积极与万科等进行紧密合作，筹建具有创客特色的造物中心——深圳南山区万科云设计公社。此空间面积约1000平方米，共有三层。第一层是为会员提供活动的区域，第二层是一些轻量级的手工作坊，第三层拥有一些重量级设施，在其中可以实现大型项目的制作。颇具特色的是，深圳南山区万科云设计公社周围有许多家具设计和建筑设计等企业，柴火造物中心利用这一独特的优势，连接起国内外有发展潜力的专业创客及前沿技术的机械设备。

造物中心致力于为海内外专业创客服务，促进各界人才及项目的交流互助，进行跨界合作，共同发展。同时，充分整合创客以及高端专业设备等资源,对创客的创新创业服务发展进行引导。此外,柴火造物中心在专业设施设备的帮助下,利用技术优势,将各类创意想法、创新项目的产品原型塑造出来。相关产品将在柴火造物中心的催化下充分适应市场需求,使新产品能够快速融入社会且实现产业化。

二、深圳创客世界

为积极响应"大众创业、万众创新"的政策,相关创新创业政策措施纷纷出台,各类创客空间如雨后春笋般涌现,为深圳注入了新的经济活力,俨然形成一个新的经济生态。深圳也因此享有"创客之城""创客花园"的盛名,成为名副其实的创客摇篮。

(一)深圳各具特色的创客空间

1. 开放制造空间(TechSpace)——最前沿的创新技术分享基地

开放制造空间是创始人尚松在2013年成立的深圳第一家创客空间。"Bring Your Ideas To Life"是开放制造空间的核心宗旨,即鼓励创业者并协助其将想法变为现实,最终实现产品化。以这个宗旨为前提,开放制造空间提供了制造链条一条龙服务,为创客配备了各种工具和技术,考虑到创客的专业性和工具的使用问题,还为其提供前期培训,并与专门的办公区域相配套。

从专业工具和技术方面来看,开放制造空间具备了金工、木工、CNC三个技术车间,也具备激光切割、纺织加工技术,另外还具备一间电子实验室以及3D打印机。从材料购置方面来看,开放制造空间有独立的耗材商场进行原材料供给,为创客节约时间和人力成本。从办公环境方面来看,开放制造空间从实际出发考虑了创客对办公区域的需求,配置公共办公区域、会议室以及诸多办公设备,以满足最多可容纳30人的办公需求。与美国TechSpace舒适慵懒风格的工作环境类似,开放制造空间在休闲娱乐区为创业者们提供了可以休息、看书、看电影和玩游戏的休闲空间。

2. 开源创客坊(Open Source Maker Space)——最具年龄差异和多元文化

开源创客坊是深圳相对年轻的创客空间,于2014年12月由卢青、谢斌创办,目前坐落于蛇口海上世界。开源创客坊以"开源、开放、开心"为宗旨,以自身为媒介,给创业者提供沟通交流的平台和与国际创客接轨的机会。该创客空间与法国巴黎和马来西亚吉隆坡的创客空间建立会员共享制度,其系统可进行24小时不间断的国际视频会议,为世界各地的创业者提供宝贵的交流机会,主题覆盖各个领域。

开源创客坊的创业者年龄差异巨大,各年龄层兼容共享,是一个面向全年龄层的创客空间。

3. 中科院创客学院——最具雄厚资源和广大平台

中科院创客学院是以高校为基地的创客空间,由南山区政府和中国科学院深圳先进技术研究院共同创立,旨在培养和扶持创客。中科院创客学院拥有深厚的教育底蕴、丰富的企业和社会资源,同时,背靠政府提供的教育平台和资源平台,有望成为创客教育、科研实践、创新创业交流和项目孵化的综合平台,并成为全球创客聚集地。

4. HAXLR8R——最著名的硬件孵化器

HAXLR8R是Hacker与Accelerator的结合体,简称Hax。HAXLR8R是由风险投资人西里尔·艾博斯韦勒在深圳华强北创立的一家硬件创业加速器创客空间。HAXLR8R是一个典型的创业孵化器,通过定期招募进行创业项目的孵化,以111天为周期,在此周期内必须完成项目由设计到雏形再到投产的过程。至今,在HAXLR8R中孵化出的较著名的项目有Makeblock模块机器人以及Darma智能坐垫等。

5. 矽递科技(Seeed Studio)——创客服务站

深圳矽递科技有限公司于2008年成立,以开源硬件开发促进为主业,是一家为创客提供服务的科技公司。矽递科技是深圳柴火创客空间创始人前瞻性地成立的第一家创客空间。矽递的开发速度优势源于其模块化开发,创业者通过这一方式能缩减产品开发流程。与开放制造空间类似,矽递也有一条龙服务系统,并成为其优势所在。公司注重技术的优化投入,旨在为顾客提供更为优质的产品化体验。

矽递的服务群体众多,在新媒体、物联网、智能家居等领域都有相关产品与方案。矽递在发展过程中基于自身的硬件优势,不断探索和改进,正在开源硬件发展的路上快速前行。

(二)深圳创客空间类型

创客空间由创业者集聚创建团队或基地,一般以空间导向和特色区分。创客场所是指提供给创业者工作、生活、娱乐等的场所,一般按照场所类型不同划分。

1. 深圳创客空间具体职能

（1）以兴趣为导向的创客空间

创客文化的核心是创意，通过其自发的创造行为，将价值体现于所创造的产品中，这决定创客空间最基本的活动形态是一种兴趣交流。车库文化中，车库是美国硅谷高新技术产业的摇篮，人们都是出于兴趣自愿投身于科技研发，而不是趋利行为。深圳的许多创客空间的产生也源于兴趣。例如，深圳的柴火创客空间和SZDIY Hackerspace，会有持续的线下聚会社区，作为创意孵化地，为后续创意或项目成型打基础。

（2）以项目孵化与加速为导向的创客空间

当创客群体将项目的定位明确化、目标市场化时，以孵化项目为目的的创客群体的收益主要来源于项目的市场价值。一方面，创客空间通过提供场地、设备、开发链条与培训服务等，为团队解决大部分的外部硬件问题和人员的软实力问题；另一方面，创客群体可以借由市场上的风险投资解决资金问题，为项目筹备和营运提供保障。创客空间通过对团队收取固定的会员费，赋予他们对场地、设备等的使用权和享受空间服务的权利。深圳以项目孵化与加速为导向的创客空间有前文提到的开放制造空间、HAXLR8R等。

（3）以人才培养和技能培训为导向的创客空间

创客空间致力于一站式服务，不仅提供外部硬件设施，也为有需求的创客提供技能培训，主要包括邀请专业人士进行专项化培训指导，或给团队提供相互讨论学习的机会。通过专业技能培训或交流互动，成员可以加深对团队的了解，这对创客团队整体的发展有良性效应，同时，还能在交流中产生更多的思维碰撞，为组建新团队提供更多机会。部分创客空间就是以培养人才、促进创客发展为目的，如中科院创客学院。

（4）以学校支撑为导向的创客空间

高校是最具活力的创业群体，其拥有的多样性参与群体和雄厚的教育资源与社会资源，是高校创客空间的一大优势。校内外的创客都可以通过高校创客基地，对学校的资源，如场地、设备等硬件设施加以利用。同时，高校丰富的人力资源，如导师、专业人才，以及文献资源、馆藏图书和电子资源，均能与创客活动相融合。随着现代信息技术的发展，上述资源更多地通过数字化、信息化的手段进行分布式管理。高校学生参与创客活动，也推进和发展了创客教育。例如坐落于深圳市南山区中心的深圳大学，拥有巨大的市场和社会资源，周边高新技术企业林立，为学生创客提供了得天独厚的条件。此外，学校通过创立创业园，为有项目的创业者提供资金和平台，并通过举办创业活动来培育学生的创新创造思维，为创业者提供后备军。

2. 创客的空间需求

创客空间为创客提供项目或活动所需的软硬件空间，创客在日常生活中也出入于各种各样的空间，这体现了创客这一群体的特性需求。

（1）制作空间

创客追求的是从无到有的创意实现，需要将想法付诸实际，因此需要硬件设备的支持、零部件的获取和一系列生产链。深圳创客以IT产业，特别是硬件制造见长，作为IT世界工厂，无论是零件提供、原型制作还是产品加工，都具有独特的优势。华强北是世界最大的IT产品交易采购中心,创客可以十分便利地找到任何产品制造的零部件和元器件,保障了产品零部件来源供应。位于龙岗和宝安等地的大量中小加工企业可为创客提供小批量产品生产定制服务。富士康在2014年4月投资建立了一个专门为创客提供服务的工厂InnoConn,为创客提供个性化产品的生产,且没有数量下限。借助深圳完整的IT产业供应链和生产加工能力,创客能够迅速制造出任何产品的原型,并能够目睹生产过程,实现与生产方的面对面沟通。强大的硬件供应链和生产制造能力甚至吸引了HAXLR8R等美国的硬件孵化器将总部移至深圳。

（2）生活空间

创客多因相同的兴趣爱好聚集而成,以初出茅庐的学生和IT一族为主。大多数创客选择在交通便利、生活设施齐全的地点居住,城中村可谓是最佳选择。例如白石洲和岗厦等城中村,靠近地铁站,生活设施便利,是创客的首选居住场所。

（3）工作空间

产业都有一定的聚集效应,创新行业的创客也不例外。深圳目前的创客大多集中在南山区,部分创客直接租用写字楼或生活区作为工作区。深圳的创客集聚场所包括华侨城创意园、高新园区,更多的是各类孵化器,如南山智谷等。

（4）社交空间

社交空间因行业不同而有所不同,创客的社交空间主要是各类创客空间或创客基地。在社交空间里,创客通过面对面交流获得信息和资源,交换创意,寻找伙伴,组建团队,分享经验,是一个既有交友功能又有创新功能的空间。在创客聚集的场所,都配备有供创客进行交谈的咖啡馆、茶馆等。例如，柴火创客空间、开放制造空间和SZDIY Hackerspace是位于深圳南山区的三大创客集聚地，都是创客的重要社交空间。在深圳南山科技园北区的3W咖啡厅，经常举行各类创客沙龙、产品发布会和经验分享会，也成为众多创客的社交场所。

（5）资本空间

产品生产技术或流程得到保证后，创客需要将其推向市场以获得收益，相应的资金支持必不可少，这一过程需要资本的介入。如各类创投公司，包括天使基金、风险投资（Venture Capital，VC）、私募股权投资（Private Equity, PE）等，是支撑创客前中期创作研发的基础。

（6）休闲空间

创客人群整体偏年轻化，集中在30岁以下，该群体在业余时间对娱乐的需求较专门从事开发创新的人群更大，如商城、购物中心、酒吧、影院、特色餐饮店等休闲场所。在创客集中的场所，这一系列场所配套普遍存在，体现了创客对于聚集场所的挑选条件，功能过于单调的地区（高新区或工业区）无法成为创客集聚的地区。在深圳市南山区，海岸城、海上世界、华侨城等商业购物中心和酒吧街区都是创客活动的主要区域。

（三）深圳创客发展迅速的原因

1. 独特的区位环境和经济政策

深圳拥有全球先进的硬件配套能力以及国内最丰富的上下游产业链，被誉为"硬件硅谷"。创客在深圳能够快速将其想法转变为实物。此外,深圳位于珠三角,背靠内陆,可以辐射内陆。独特的区位优势和经济政策也为创客发展打下坚实基础,前海自贸区的挂牌、繁盛的物流行业和日益发达的金融行业等都是深圳作为硬件创业天堂具有的天然优势。

2. 资本充足

深圳金融活动十分活跃,同时也是风险投资最为集中的城市,国内超过1/3的风投公司在深圳落地,主要集中在南山区。创客可以通过"创业之星大赛"、孵化器推介等方式获得风投或融资。充足的资金支持,大大推动了产品实体化和市场化,是创客空间得以维持的重要因素。

3. 政策扶持

国家倡导大力发展众创空间和完善投融资机制,旨在为创客提供多样化服务。2015年深圳市政府规划,每年至少新增50个创客空间。市政府出台"三年行动计划"和"促进创客发展的若干措施",在资金上予以创客资助鼓励。大批创客获得专项资金资助,深圳逐渐发展成面向世界的创业基地。

2015年9月2日,教育部办公厅发布《关于"十三五"期间全面深入推进教育信息化工作的指导意见(征求意见稿)》,提出有效利用信息技术推进"众创空间"建设,探索STEAM教育、创客教育等新教育模式。这意味着由社会"创客运动"引发的"创客教育"热潮,正式进入国家层面的教育发展规划中。此后,国内多省市出台政策支持创客教育。2017年,创客教育布局全面开花,在全国如火如荼地推进。

4. 良性效应

深圳是创新之城，在改革初期有华为、中兴等科技创新公司先行崛起，大疆科技、光启理工、柔宇科技等中小企业紧随其后，创客空间逐渐兴起。深圳创新创业形成了丰富的、全面的生态链，在各层次都能展现活力，体现了深圳创新产业的良性发展。

（四）深圳创客空间盈利方式

创客空间按照是否以盈利为目的，可分为公益性和盈利性创客空间。公益性创客空间一般由政府或学校主导，盈利性创客空间在社会上占大多数。相较于公益性创客空间，盈利性创客空间能够为创客提供更多设备及更好的服务。其盈利方式主要有以下几种：

1. 会员费

以兴趣和孵化为主业的创客空间一般使用会员制度进行管理，会员通过缴纳定期会员费用，可以使用创客空间的软硬件设施并享受服务。创客空间也利用这一费用维持运营。此外，创客空间也接受如众筹、赞助等的资金支持。以美国的Techshop为例，Techshop以公司形式运营，每月会员费为125美元，会员缴纳会费后可以自由使用空间里的设备及参加技术分享课程。国内创客空间，如上海新车间通过收取会费以供运营，北京创客空间由政府资助部分资金，柴火创客空间由创始公司矽递进行资金支持。

2. 课程收入

部分创客空间会开设课程，包括技术类、运营类、商业类等方面的课程，由专业人士为创客提供指导和培训，并通过对创客收取一定费用作为其收入来源。

3．代售商品收入

深圳被誉为"硬件创业天堂"，具有明显的硬件资源优势。很多创客空间代售硬件商品，一方面为创客提供更为便捷和优惠的购买窗口，另一方面也可赚取部分资金维持运营。

4．孵化项目分红

部分创客空间会为潜力项目提供种子基金，也会把新创公司介绍给工厂和企业联系人，并提供相关的专业指导，如HAXLR8R。该类创客空间主要盈利方式是通过对项目进行孵化，成功后收取一定分红，这种形式更具有公益性质。

（五）深圳创客空间与学校教育、图书馆的联动性

统计数据显示，独立的创客空间、以学校为基地和以图书馆为基地是创客空间的三大主要形式。

1．以学校为基地的创客空间

早在2015年，美国就在60多所高校开设了创客空间。中国积极响应创客教育、STEAM教育的推行政策，陆续开设了清华创客空间、西南交通大学创客空间、同济大学创客空间等以学校为基地的创客空间，并积极开设创新创业课程，进行创客人才培养。相较于美国，中国以学校为基地的创客空间的发展仍处于起步阶段，可借鉴美国高校创客空间在支持高校师生创新创业方面的经验，并结合中国实际国情，为"大众创业、万众创新"时代的国内高校创新创业教育改革与创新提供参考。

（1）以深圳大学为基地的创客空间——创业园

深圳市以深圳大学为主导，通过在学校开设"创业精英班"，在学院鼓励创业经验分享，邀请校友回校进行创业分享等多种方式，多方面培养创新创业人才。此外，为鼓励学生积极参加创新创业大赛、自主创业，还设立专项资金和奖励制度。校园内设有大学生创业园，为学生提供创业场所。创业园首建时位于深圳市南山区的高新科技园内，占地690平方米，现已搬入深圳大学校园内，扩大用地至2000平方米，并配套相应的办公区域，如办公区、会议室、阅览室等供学生、创客或企业群体使用，最多可容纳30支团队进行项目孵化。创业园初期投入100万元作为深圳大学学生创业基金，后期增至200万元，并给通过入园资格审核的团队提供免费期为一年的场地使用权和无偿资金资助。

深圳大学创业园以弘扬创新精神、培养创业人才、培育创新型企业为主要宗旨，探索以创业带动就业的新模式。面向群体包括已毕业一年内的毕业生、在校研究生及四年级以上（含四年级）的全日制本科生，目的是为深大学子提供类似创客空间的平台，营造校园内的创新创业氛围，打造并支持有发展潜力的项目。

2015年，创业园响应国家经济新生态及"大众创业、万众创新"的政策举措，进一步促进学生创业，启动园区孵化功能软硬件升级改造的有关筹备工作，积极建设创客共享平台，进一步强化创业前端孵化。深圳大学创业者联盟以"鼓励创新，支持创业，互助共赢"为宗旨，以扶持校内创业学生为主，充分发挥深圳大学的优势，不仅在资金上给予扶持，在与企业、市场等外部接轨时也给予支持，为创业园功能升级打下地基，更好地承担教育责任。

创意园内还建立了"深港大学生创新创业基地"，旨在为两地大学生提供教育实训、初创企业公益孵化、成熟企业加速孵化、企业集群创新生态等四大平台,聚创新、创意、创客、项目、资金、创业链和市场于一体,集创客教育、创业孵化、项目融资、股权投资等功能于一身,更好地服务于两地学生,打造功能齐全的"众创空间"。

（2）创客空间与学校教育联动的展望

创客教育依托于创客空间,以有效手段鼓励学生参与创客活动,一方面磨炼学生的实践技巧,另一方面培养其思维的创新和广度,从社会角度思考探索创新创造的意义,反之推动社会和产业创新,是学校教育与社会产业链接轨的活力平台。创客空间与学校教育的成功联动,不仅能为创客注入新鲜血液,更能推进校园文化的发展,深化教育意义。

国内高校可借鉴美国高校创客模式,以更加开放的态度营造自由创新的学校氛围,重整教师队伍,改变传统固化的教育模式,创新教育课程。同时系统引进杰出企业家进行经验分享,提供发挥学生创新能力的机会,促进创新教育向创业教育的转变。

国内高校进行创客教育的联动,形成多校共享的创客中心,充分利用各高校的资源与优势,实现资源有效配置,同时加强各校间的联系与交流,为创新注入更强大动力。

政府、社会企业和组织机构联动加大对高校创客空间的支持,在政策、设备、资金等方面成为创客空间发展的强大后盾。

中国创立高校创客中心的时间晚于美国,应把握机会,让创客活动与传统高校教育互相结合,探索创新,推动中国高校创客教育的前进与发展。

2. 以图书馆为基地的创客空间

创客空间掀起的分享创作和意识的热潮,不仅吸引越来越多的人成为创客，也影响到作为知识共享、思维碰撞平台的图书馆的运营模式。作为一个承载知识、传播知识的角色，更多图书馆正在寻找合适定位，开创创客空间是目前图书馆不断改进服务理念、拓展服务方式的趋势所向。

2011年，美国便产生了以图书馆为基地的创客空间。美国的第一个图书馆创客空间是康涅狄格州的公共图书馆创客空间——发明实验室（Fab Lab）。发明实验室引入3D打印技术，可为用户打印出立体模型并提供展示台，也可为儿童打印制作彩色绘本并允许其在图书馆内流通，是典型的制造空间类型。美国的芝加哥公共图书馆、伊利诺伊州的科基图书馆都是以数字化媒体实验室为代表的创客空间，为多元化读者提供更为便利的服务，注重将数字媒体实践化。混合型的图书馆创客空间则集制造、数字化媒体和学术研究于一体，将其纳入图书馆体系内，向用户呈现出虚拟与现实相结合的创客空间，既能提升用户体验，又能促进创新意识的培养。美国克利夫兰公共图书馆和底特律公共图书馆就是典型的混合型创客空间。不仅限于公共图书馆，美国的大中小学图书馆也逐步加入这一改革行列。

较之于美国，中国的图书馆创客空间起步较晚。国内最初对于图书馆创客空间的了解来源于美国雪城大学教授李恺在《美国公共图书馆的新图书馆转向》中的介绍。国内图书馆在2013年后才逐渐增加这一方面的研究，与图书馆联动的创客空间开始逐步发展，长沙图书馆、上海图书馆等相继设立创客空间。

（1）深圳图书馆、深圳大学城图书馆打造创客空间

深圳图书馆坐落于深圳市行政文化中心区，作为重点建设的大

型现代文化设施之一，深圳图书馆集大众化、研究型及数字化特色于一体，在全国众多图书馆中，率先采用DILAS（数位图书馆体系结构研究和应用平台开发项目）系统和RFID（射频识别）技术，提高数字化水平。作为深圳图书馆自行开发的系统——DILAS，具有自主知识产权，受到专利保护，客户资源接近3000家，并且受到文化部重视，被评为重大科技成果推广专案及国家发展改革委下达的国家级重点科技项目。

在上述知识技术的支持与市政府的重视下，深圳图书馆正式设立的创客空间于2016年4月诞生。该创客空间以深圳图书馆四楼为平台，旨在利用全新的创意阅读空间，为青少年读者创意交流与实践提供优良的场所。从空间上看，创客空间分为创意设计制作区、创意作品展示区、研究学习区、讨论交流区四大功能区域，以倡导创新，鼓励实践，培养用户想象力，激发创造潜力、团队合作的意识为创新目标。图书馆内丰富的信息资源、安静优美的环境，成为推动创客发展、创客创意萌芽的乐土。

深圳大学城图书馆则坐落于大学城西校区的核心地带，环境幽静。该图书馆内藏书资源丰富，截至2015年底，共有129.5万余册馆藏中文图书、12.2万余册外文图书，同时拥有213种电子数据库、5.7万余册电子期刊、185.1万余册电子图书，被誉为"深圳地区数字化资源最为丰富的图书馆"。此外，该馆是国内首创的兼备高校图书馆和公共图书馆双重功能的图书馆，也是深圳第一家具有国家级科技查新资质的机构，并不断完善基础服务，拓展服务范围。

2016年以来，通过持续创新优化，深圳大学城图书馆进行全面的现代化升级，创建新的"微空间"（WESPACE），融合创意、创想、艺术、音乐四大主题于一体，为创客和创意提供图书馆特色空间和特色服务。2016年的全国"双创"活动周，主题为"创新者与设计者的创客空间"的国际研讨会就在此举行。

（2）创客空间与图书馆的联动展望

图书馆创客空间以公益服务为目的，为创客提供低成本，甚至是无成本的平台。图书馆与创客空间的联动能为创客解决场所租赁问题。同时图书馆人流密集，可为创客活动做推广集聚人流，降低创新创业的风险，促进创意原型产品市场投放速度。但鉴于部分图书馆创客空间面向对象及服务性质尚不明确，现阶段不应盲目创建创客空间，应充分考虑经费来源及目标群体，做好成本的预算与控制，确保经济效益。对现有的图书馆创客空间，应积极寻求权威机构的指导，同时增加与创新创业组织的合作机会，实现图书馆创客空间职能的最大化。

（六）深圳创客空间整体的局限性

自2015年以来，为了打造中国经济增长新引擎，促进经济发展，国务院出台了一系列推动"大众创业、万众创新"的政策。李克强总理多次来深，更为深圳的创新创业活动坚定了信心。虽然在政府的号召及相关政策的扶持下，大多数创业项目和创业团队取得了一定的发展，但在创客空间数量井喷式增长的背后，不少项目仍存在盈利难题，局部区域创业项目存在过剩风险。

1. 没有适合的商业模式

根据《中国创客空间生存现状》调研结果显示：中国有24%的创客空间除志愿者支持外，无收入来源；20%的创客空间依赖母公司的资助，或是小型培训、会员费及捐赠维持运营；34%的创客空间依赖地方政府资助，主要形式为租金补贴或提供免费场地。

2. 创业潮渐入寒冬

虽然国家号召"大众创业、万众创新"，但能够在资本市场上获得青睐的项目仍是少数。人们的创业热情消退，资本逐渐退出。资金短缺使得创客难以继续发力，创客空间也失去了最基本的资金来源。

3. 过度依赖国家政策

相较于国外的自立创业，中国则更多为政府主导，由政府制定相关优惠政策并提供资源来激发创业热情，这不利于长期发展。目前国内许多创客和创客空间依靠政府给予的巨大补贴维持运营。

4. 创客人才瓶颈

优秀的创客人才需要具有长远的目光、创新意识、充足的实践经验和企业家精神。但国内大多数创客来源于高校毕业生或研发领域专业人才，缺乏运营管理的经验和对产品商业化途径的把控能力。

第三章 深圳创客发展软环境支撑

第一节 制度政策体系

一、人才政策

深圳自建市之初就是移民之地，经过40年的发展，深圳从昔日的小渔村发展成为具有国际影响力的大都市。"深圳速度"便是对其工业化和城市化发展之快的充分肯定。深圳的快速发展，离不开改革开放和国家相关政策的支持，更离不开深圳各行业人才为深圳社会、经济、文化发展注入的活力。如今，深圳已经出现一大批如马化腾、任正非、王石等国际知名企业家。深圳经济的快速发展，更在全国范围内掀起人才南下的热潮。一方面，深圳的人才政策在吸引国内外优秀人才上发挥着重要作用，并产生人才聚集效应；另一方面，这也成为深圳的一张名片，为对外发展提供了强有力的支撑作用。人才是社会发展的第一生产力，同时也是经济发展、社会进步、文化创新最为积极的影响因素。40多年改革开放的实践证明，倡导人才战略为深圳发展打下了坚实的基础，没有人才优势就不可能有发展优势、创新优势、产业优势。

改革开放之初，深圳市政府采取各种方式吸引全国人才。在20世纪80年代，人们的观念依旧停留在"单位所有制"水平，"到三资企业去""到深圳去"成为当时许多具有创新意识、敢于拼搏之人才的最优选择。据统计，从1980年到1992年，深圳引入技术干部约25万人，接收应届院校毕业生8万多人。1996年，深圳具有初级以上专业技术职称或中专以上学历的人才总量约41.7万人，中级专业技术人才约5.9万人，高级专业技术人才约1.4万人。其中，户籍高级和中级专业技术人员分别为1.06万人和4.19万人，博士（含博士后）767名，硕士10249名，市杰出专家262人（其中享受政府特殊津贴者有226人，国家级和省级突出贡献者分别为16人和8人）。经过20年的发展，深圳的人才队伍更加壮大。截至2015年底，全职在深工作的两院院士有13名；国家"千人计划"人才208名；享受国务院特殊津贴专家由1996年的226人上升至509人；博士后设站单位235家，在站博士后1060人；"孔雀计划"团队累计64个，"孔雀计划"人才1364人。此外，深圳市认定高层次人才5652名，技能人才286万人，其中高技能人才69万人；"十二五"共引进人才68.45万人，其中接收应届毕业生30.6万人，引进市外在职人才37.85万人。

深圳实行灵活的人才引进机制，体制宽松，使人才的作用在深圳得到充分发挥。

截至2008年底，深圳市政府已逐步推出并不断改进高素质人才扶持政策。作为留学人员创业孵化器，深圳建立8个海外留学人员创业园，对来深圳创业的留学人员发放10万至30万元的前期补贴，人数已近万名。对深圳200多名在站博士后实行补贴，每年每人发放补贴5万元；若出站后选择留在深圳，再给予一次性科研补贴10万元。企业出站博士后有50%以上选择留在深圳。对于来深圳工作的院士给予生活和工作双重补贴。同时，财政每年拿出2亿元设立创新人才奖项，奖励对深圳有贡献的人才。为进一步促进深圳经济的发展与进步，深圳通过建立大学城，吸引北大、清华、哈工大等名校在深圳建立研究生院，成立信息技术学院，培养高技能人才，同时建立一批高技能培训中心及南方科技大学，走出一条符合深圳产学研相结合的高新技术发展之路。

2008年9月，深圳市出台《中共深圳市委、深圳市人民政府关于加强高层次专业人才队伍建设的意见》。高层次专业人才主要包括高层次专业技术人才及高技能人才。《意见》指出了高层次专业人才对深圳经济发展的关键作用，并就加强深圳市高层次人才队伍建设，从六个方面提出政策措施。在高层次人才的资金投入上，市政府在整合现有资源的基础上加大投入，市级专项资金首期投入约2亿元，并列入年度财政预算；通过设立"高层次专业人才工作专项资金"，奖励、资助、补贴高层次专业人才，同时，创新人才引进方式，如对高层次专业人才实行绿色通道，高层次专业人才来深圳工作可特事特办；在公共管理和服务部门设置面向海外专家的"国（境）外专家特聘岗位"，聘请具有国际一流水准的涉及规划、建设、环保、水务、交通、城市管理、教育、公共卫生等领域的海外高级专家来深工作；实施"候鸟计划"，在高校、科研机构等部门设置短期工作岗位，采取柔性方式吸引高层次人才，可在不迁户口的情况下短期来深工作、科研合作、技术交流等，此外，加大培训力度以开发和提升人才创新能力，如实施高层次专业人才梯队建设计划,建立学术研修技能交流津贴制度,实施"卓越专家访问计划"等;开发高端培训项目,扩大选送境外培训交流的规模,通过不同渠道培养一批既具备较强专业资质又熟悉国际相关专业领域情况的国际化专业人才,保障深圳向国际化城市转型所需的后备人才;利用与香港相邻的地理优势,畅通香港专家来深工作和创业,重点引进香港高端行业高层次人才,加强深港人才智力的交流与合作,打造深港人才互动新格局。

2011年,深圳市政府出台《中共深圳市委、深圳市人民政府关于实施引进海外高层次人才"孔雀计划"的意见》,简称"孔雀计划"。"孔雀计划"的人才引进对象主要为具备丰富海外工作经验和较高专业素养,掌握先进技术并熟悉国际市场运作的海外高层次人才,目的在于立足深圳经济发展战略目标,推动金融、物流、高新技术、文化四大支柱产业的发展,同时注重战略性新兴产业如新材料、新能源、生物、互联网等的成长,引进一批能够给深圳带来重大经济效益和社会效益的核心团队。对于经"孔雀计划"认定的海外高层次人才,深圳市政府一次性给予80万至150万元的奖励补贴,并在落户深圳、配偶就业、子女入学、医疗保险等方面享受优惠政策。对于成功引进的世界一流团队,发放专项资助最高达8000万元。海外高层次人才团队在创业启动、项目研发、政策配套、成果转化等项目上遇到任何困难,市政府也给予大力支持。此外,深圳市政府承诺,为促进海外高层次人才团队的创新创业发展,在此后5年每年投放3亿至5亿元,用于海外高层次人才配套服务等。为进一步强化人才引进政策的吸引力度,在"孔雀计划"出台的同时,颁布了与之相配套的辅助性政策《深圳市海外高层次人才享受特定待遇的若干规定》。同年3月7日，深圳市政府出台了《深圳市引进人才实施办法》。

2016年3月，深圳颁布了《关于促进人才优先发展的若干措施》，该政策共提出了20个方面81条178个政策点，着力解决人才的住房保障问题，减轻各类人才的生活压力。该政策目的在于培养一批在未来5年具有成长为中国科学院、中国工程院院士潜力的人才，并争取入选3到4名，重点引进诺贝尔奖获得者、国家最高科学技术奖获得者以及两院院士等杰出人才15名左右。对新当选的两院院士和新引进的杰出人才，每人给予100万元工作经费和600万元奖励补贴。每培养一名两院院士给予培养单位500万元奖励。支持企事业单位设立院士（科学家、专家）工作站（室）培养创新人才，符合条件的给予50万至100万元经费资助。同时，进一步拓展"孔雀计划"，对于经官方认定的领军人才，无论是海外A、B、C类人才，或是国家级、地方级、后备级人才，市财政每年投入均不少于10亿元，并分别给予300万元、200万元、160万元奖励补贴。经评审认定的海内外高层次人才"团队＋项目"，给予最高1亿元资助。对成长性好和业绩突出的团队项目，根据实际需求予以滚动支持或追加资助。对具有成长潜力，但没有被列入"孔雀计划"的人才及团队，市政府同样发放最高达500万元的资助。深圳为满足长期发展需求，大力培养党政需要的专业性人才。实施"双百苗圃计划"，筛选100名左右金融、工程技术、科技类等紧缺专业人才到任务重、工作难的岗位"墩苗"；招录100名左右金融、工程技术、科技类等专业高校毕业生到机关基层"种苗"。为进一步改善深圳医疗卫生水平，实施医疗卫生"三名"工程，市政府一方面加强小诊所医疗卫生规范工作,另一方面引进名医(名科),大力建设名医院,通过对引进的高水平医学团队给予800万至1500万元资助等措施,吸引一流医学人才和团队。结合推进卫生系统事业单位改革,选聘一批高水平医院院长和专业能力强的医生。

二、载体政策

第十五届中国国际人才交流大会于2017年4月15日在深圳开幕。上海、北京、杭州、青岛、天津、深圳、苏州、广州、南京、长春获选2016年"魅力中国——外籍人才眼中最具吸引力的十大城市"。而其中,深圳的创业扶持政策最突出,在深圳的18项指标中,创业扶持政策得分最高,这也是深圳连续第7年登上榜单。

2016年,深圳市政府出台文件,对深圳市内的国家企业技术中心、国家制造业创新中心、国家工程(技术)研究中心、国家重点实验室、国家工程实验室等国家级重大创新载体,给予最高3000万元支持;按照国家规定对承担国家实验室建设的单位予以足额经费支持,对承担省、市技术中心,工程中心,公共技术平台,重点实验室,工程实验室等各类创新载体建设任务的企业,给予最高1000万元支持。这充分表明深圳市政府对创新载体的发展给予的高度重视和支持。

早在2009年,为贯彻落实党的十七大"实施扩大就业的发展战略,促进以创业带动就业"的战略部署,《深圳市人民政府关于促进以创业带动就业的意见》出台。2015年,深圳市政府再次下发文件《深圳市人民政府关于加强创业带动就业工作的实施意见》,

配套文件《深圳市自主创业扶持补贴办法》《关于做好创业担保贷款工作的通知》，规定了针对自主创业人员的政府补贴政策。另有两个配套文件《关于加强创业项目征集工作的通知》和《关于加强创业导师服务工作的通知》。

《深圳市人民政府关于加强创业带动就业工作的实施意见》文件从6个方面就加强创业带动就业工作提出意见，指出要降低创业门槛和成本，如降低初创企业登记门槛，减免有关行政事业性收费，完善创业融资服务等。通过深化初创企业登记制度改革，实行先照（工商营业执照）后证（行政许可证）和"一照（工商营业执照）一码（统一社会信用代码）"，减少初创企业登记注册前置审批项目。针对在新型孵化机构集中办公的企业，对其注册登记手续进行进一步简化，通过网上申报、"一站式"窗口、多证联办等多种方式，为初创企业的登记注册提供便利。同时，变传统的营业执照为电子营业执照，以全程电子化登记管理模式加强对市场主体的服务和监管。由于初创企业的性质问题，小额贷款是大部分初创企业融资的主要方式。加大对小微型企业及个人融资的支持力度，从而推动小额贷款公司规范发展。政府一方面主张发挥财政的杠杆作用，在运用市场机制的基础上，引导金融资本和社会资金支持创业团体；另一方面鼓励天使投资、风险投资、创业投资支持大众创新创业。《意见》同时指出要加大创业扶持补贴力度，对符合条件的自主创业人员给予创业培训补贴、初创企业补贴、创业场租补贴、创业担保贷款贴息、创业带动就业补贴、社会保险补贴、优秀创业项目资助等。

在《深圳市人民政府关于加强创业带动就业工作的实施意见》

文件出台之后,深圳市政府为了响应"大众创业、万众创新"国家战略,加强对自主创业团体的扶持,随后出台文件《深圳市自主创业扶持补贴办法》。该文件明确了补贴对象为在深圳市内创立并依法缴纳社会保险的初创企业以及从未享受过创业补贴的自主创业人员(《办法》所称初创企业,是指在深圳市登记注册3年内的从未享受过创业补贴的小微型企业、个体工商户、民办非企业单位)。同时文件明确了六大补贴项目以及具体的补贴标准,如初创企业补贴只能申请并享受一次且合计金额不超过5万元。自主创业人员在本市初创企业,自取得商事主体营业执照(或其他法定注册登记手续)之日起正常经营6个月以上,可给予5000元的初创企业补贴;合伙创办企业的,在商事登记合伙为自主创业人员身份的基础上,按该初创企业首次申请时的商事登记合伙人人数每名计发5000元初创企业补贴。对于创业带动就业补贴,自主创业人员在本市的初创企业吸纳户籍人员就业并按规定缴纳社会保险费的,可按其吸纳就业(指签订1年以上期限劳动合同并已缴交6个月以上社会保险费的人员)人数申请创业带动就业补贴。招用3人(含3人)以下的按每人2000元给予补贴;招用3人以上的每增加1人给予3000元补贴,总额最高不超过3万元。在优秀项目资助上,初创企业须为在深圳市已完成注册登记的企业,且主要来源于支柱产业、战略性新兴产业以及未来产业。《办法》指出,在深圳市级创业大赛中获奖的优秀创业项目,市政府将发放5万元至20万元的项目资助;在省级创业大赛或者国家级创业大赛中获得冠、亚、季军的优秀创业项目,给予其5万元至20万元的项目资助。

作为经济发展的重要组成部分,中小企业的发展在增加地区生产总值、调节经济结构、促进就业、激发市场活力等方面具有不可替代的作用。2017年,深圳市各区政府为支持本区产业的发展和建设,为中小企业营造良好的生存环境,纷纷出台了相关产业的扶持政策。各区政策具体如下:

(一)福田区:大力支持、激发企业创新活力

2017年,福田区提出"1+9"政策扶持初创企业发展,提高企业质量。"1+9"政策包含10个门类、140个条款、192个项目。其中,"1个管理办法"是资金管理办法,"9个产业政策"指招商引资、总部经济与上市企业、金融业、现代服务业、先进制造业、科技创新、文化产业、建筑装饰设计、产业行业协会发展政策。该政策总体资金投入规模比2016年增加超过1倍,同一企业年度内享受产业资金支持总额由最高300万元调整为最高500万元,经济贡献1亿元以上的大型企业最高1000万元,特大项目最高2000万元。同时,重大项目不受支持金额限制。对经济统计相关细分领域龙头企业、消费零售以及外贸等重点企业,大幅提高对其薄弱环节的支持;同时对于关键环节、重点项目、公共平台的支持力度最高可达1000万元,对特别重大项目还可加力支持。

(二)南山区:孵化器和众创空间资助计划

中小企业的发展体现了国家经济发展的活力,是高新技术产业化的重要途径,中小企业也是从业人员重要的就业渠道。在政府政策支持下,深圳大学、深圳虚拟大学园、深圳高职院、深港澳产学研基地等一大批教育科研基地落户南山。同时凭借独特的优

势，吸引了一大批著名高校如北京大学、清华大学、哈尔滨工业大学等入驻大学城，南山区成为深圳市的第一个教育强区。作为深圳市高新技术创业基地、教育科研基地，2015年南山区国家高新技术企业已达1641家，高技术产业全行业产值4760亿元，占全市高新技术产业产值总量的27.5%。

南山区政府为了扶持本区初创企业发展，对具有发展潜力的企业进行资助，为企业营造良好的生存环境。其扶持内容包括两点：第一，支持孵化器、众创空间运营主体开展双创环境建设、项目孵化、双创服务活动、平台搭建等，为创新创业营造良好的生态环境，同时帮助初创企业提升其创新孵化能力；第二，本资助属于核准类，单个项目最高资助金额为300万元，申报资助项目根据硬件设施、服务内容、入孵团队、活动开展情况、空间资质、国际合作、管理团队等指标进行评分分档，根据每个项目的考核审核结果，确定Ⅰ档、Ⅱ档、Ⅲ档、Ⅳ档。若科技企业孵化器获得国家科技主管部门的认定，其运营主体将得到Ⅰ档资助。原则上对同一申报主体连续资助不超过3年。

（三）宝安区：大力促进文化产业的发展

2016年，宝安区的地区生产总值达3003.44亿元，同比增长8.8%，首次突破3000亿元大关。其中，文化产业增加值为209.51亿元，占地区生产总值的7%。在2017年5月举办的第十三届文博会期间，宝安区签约超亿元的实质交易项目7个，比上届增加3个；实质性成交额达65.8838亿元，同比增长14.85%，连续两年保持超过14%的高速增长。

宝安区经济发展质量不断上升，与宝安区的政策引导有直接关系。《宝安区贯彻落实〈关于支持企业提升竞争力的若干措施〉的实施方案》提到要大力促进文化产业的发展。该方案的申报范围包括：原创文化创意作品奖励（2016年9月13日后在电视台播出、院线公映、剧场商演、获奖或出版发行的原创文化创意作品）；文化创意产业资金配套项目奖励（2016年9月13日后获得国家、省、市文化创意产业资金扶持的项目）；园区（基地）培育引进上市企业奖励；园区（基地）入驻企业营业收入奖励；创意设计企业营业收入奖励；文化创意产业公共服务平台资助；本土知名实体书店运营补贴（2016年1月1日至12月31日运营补贴）。

（四）龙岗区：经济与科技发展专项资金支持

为推动创新驱动发展政策深入实施，全面提升企业自主创新能力，龙岗区政府出台文件《深圳市龙岗区经济与科技发展专项资金管理办法》，提出要重点扶持战略性新兴产业及未来产业项目。并制定《深圳市龙岗区经济与科技发展专项资金支持科技创新实施细则》，《细则》中指出：要明确扶持对象，对获得国家级、省级、市级奖项的创新创业项目，以及深圳创新"十大行动计划"等项目给予配套扶持，并明确了申请扶持应具备的条件及不同级别的标准扶持金额；对在龙岗区的新型科研机构和区级创新平台给予建设扶持；对龙岗区高端科技企业给予研发费用扶持及场地租金扶持；对创新载体包括科技企业加速器、科技创新产业园、科技企业孵化器进行认定及建设扶持；对获得银行贷款的科技型企业给予利息及担保扶持；对在龙岗区开展的与科技创新相关的软科学项目给予扶持等。同时指出要加强对初创企业的激励力度，对龙岗区科技型企业以及经认定的国家高新技术企业分别给予研发投入激励和认定激励；对拥有新药医疗临床批件、医疗器械注册证、药品生产批件、新版药品GMP证书的企业给予生物创造激励；对拥有知识产权的单位或个人给予知识产权创造激励；对参与技术标准起草的单位给予技术标准研制激励；对龙岗区技术转移促进中心交易平台运营单位，给予技术转移交易激励等。一系列的政策扶持激励措施，不仅表明龙岗区对初创企业发展的重视程度，也能全面提升龙岗区初创企业的自主创新能力，更能够吸引越来越多富有创造力的企业落户龙岗。

三、体制改革

深圳经济特区自1980年创立以来，已走过40年的光辉历程。深圳的崛起不仅对特区建设的发展起了重要作用，而且为社会主义经济建设及体制改革提供了成功的案例。

在特区建立初期，深圳就进行了大刀阔斧的改革。在意识到企业自主权的重要性时，为了使企业能够实现自主经营，市政府出台了一系列扩大企业自主权的政策措施。同时，依靠毗邻香港的区位优势，深圳率先看到国内企业在经营机制、劳动用工制度及工资制度上存在的问题，在借鉴海外先进管理理念的基础上，结合自身的现实特点推出了风险抵押承包制，并对工资制度及劳动用工制度等进行一系列改革。

为了建立规范的公司治理结构，在更广泛的社会范围内筹集资金及优化资源配置,早在1986年,深圳就开始积极尝试企业股份制改造,对传统国有资产的管理体制进行改革,并致力于企业破产制度及产权转让制度的建立。进入20世纪90年代,为适应市场经济的要求,深圳市政府提出加快现代企业制度的建立,并实施了一系列改革措施。深圳的国企改革因而不断向纵深推进,进入转机建制的新阶段。至1994年,深圳市全面开展现代企业制度试点工作。一方面对企业的工资管理制度进行改革,企业的工资总额,包括工资分配方式及分配标准,全部由企业根据企业生产效益自行决定,在合规范围内深圳市政府不再强加控制;另一方面,完善公司治理结构,通过鼓励企业实施员工持股计划、实行企业经营者年薪制等方式,增强企业的凝聚力及员工的工作积极性。凭借着敢于先行先试的勇气,深圳进行了一系列的企业体制改革,不仅为全国各个地区的企改起到示范作用,更推动了体制改革在全国范围内的深入发展。

2005年,深圳市政府出台《中共深圳市委、深圳市人民政府关于建立促进改革工作机制、加快体制创新的意见》文件;2006年3月14日,深圳市第四届人民代表大会常务委员会第五次会议通过《深圳经济特区改革创新促进条例》。两个文件的相继推出表明市政府对深圳改革创新的高度重视。后期的调研结果显示,《条例》实施效果显著,重大项目审批效率明显加快,推动了市政府对企事业单位内部运行机制及管理体制的进一步改革。

2009年,国务院正式批复《深圳市综合配套改革总体方案》,这在深圳改革开放进程中具有里程碑意义。这一事件决策不仅表明了党中央、国务院对深圳多年改革开放之路的充分肯定,对深圳在新时期能够在改革创新方面取得更多突出成果的强烈信心,同时也标志着深圳市的改革开放和经济发展迈入一个新阶段。《总体方案》主要由三大板块共八个部分构成,涵盖了各个领域,亮点主要有建立改革开放先行区、自主创新领先区等对深圳"六区四市"的目标定位,包括对国家深化改革、扩大开放的重大举措先行先试等"四个先行先试",包括率先建立完善的社会主义市场经济体制等"三个率先"。同时,《总体方案》指出未来深圳改革将重点突破的六个方面,包括全面深化行政管理体制和经济体制改革、积极推进社会领域改革等。这些重点也是深圳深化改革开放,实现进一步发展的关键。《总体方案》的出台为深圳推进改革开放、实现科学发展指明了方向。

当前,深圳科技创新正从"跟跑"向"领跑"转变。面对新一轮全球科技创新和产业革命带来的重大机遇,深圳紧紧围绕"加快建设国际科技、产业创新中心"战略任务,以科技创新为核心,深化供给侧结构性改革,瞄准关键领域、重点环节,主动谋划、持续发力,推动创新跨越发展。创新发展关键在于人才引进,深圳市政府在2016年出台文件《关于促进科技创新的若干措施》,提出要改革财政科技资金管理制度,加快建设各类高水平创新载体,建设高水平大学和新型科研机构,实施关系全局和长远的重大创新项目,促进新技术、新产业、新业态发展,激发国有企业创新活力,完善产业链配套服务,强化知识产权保护和运用等目标。

第二节　科技服务体系

创客发展不仅需要政府的政策支持和鼓励，还需以政府为主导，形成创客文化及创客发展所必需的软硬件环境。就创客发展的软环境而言，科技服务体系是重中之重。科技服务体系是协助创客把科学技术上的理论及创新概念转化为实际产品或运用（即如何利用它们在不同领域来创造财富、产生经济效益）的服务体系、系统及部门构成的整体。科技服务体系作用于创客创新创业的全过程，是促进产品创新和市场化服务的加速器和润滑剂，是创客创新积极性的保护伞和催化剂。

一、知识产权服务

作为创客软环境的知识产权服务体系、产品检验检测及商务服务是创客良性发展的重要环节。知识产权服务不仅能使创客团体了解和规避国内外相关领域的知识产权纠纷，并能对其进行保护，避免技术成果被窃取，提高创客的积极性。此外，加快知识产权交易制度建立也是保护创客知识产权、规避风险和提高团队积极性的方法。

深圳是一个创新活跃的城市。深圳市市场和质量监督管理委员会不断深化体制机制改革，力求部门间的相互融合来助力政府部门的职能转变，利用市场规律建立知识产权的机制，以此激发大众创业的激情，保障深圳市实施众创发展战略。

（一）建立统一的大知识产权工作机制，为服务创客开"绿色通道"

为响应国家关于"大部制"、简政放权改革的号召，深圳市市场和质量监督管理委员会重新整合原工商部门、知识产权部门、质量监督部门以及食药监督等部门的职能，在全国率先建立商标、专利、版权和品牌、标准统一执法，将全市大知识产权工作制度以及知识产权发展战略进行统一管理，同时在知识产权监管执法以及促进扶持知识产权方面加大管理力度，大大改善了服务创新驱动发展的质量。

在创新成果转化为专利的链条上，深圳创客知识产权服务体系打通了专利标准化的通道，使创新成果的含金量大幅增加，创客的生存能力与科研创新积极性进一步提升。同时，由于"大部制"改革，原工商部门的商标管理和原质监部门的品牌建设两大职能被整合管理，创新带来的商品服务质量与创客信誉上的领先优势，在品牌和商标上得到双重发展。全国领先的体制优势，使得深圳成为国家商标战略实施示范城市和我国第一批国家知识产权示范城市，更使创新成果成为创客和创新企业实际效益，在市场机制作用下吸引了越来越多社会资源投入到创新活动中来，从而使得深圳市自主创新整休实力在全国名列前茅。2016年，深圳市PCT国际专利申请量高达19648件，连续13年居全国各大中城市首位；有效发明专利高达9.5万件，在全国各大城市中居第二位；每万人发明专利拥有量达80.1件，位列全国各大中城市榜首。2015年，深圳市被福布斯中文网评为"创客之都"。

大知识产权工作制度整合并利用分散在各个部门的知识产权行政资源，使其形成合力发挥更大作用。原知识产权部门在专利资助资金方面的帮助与扶持，使知识产权向商标服务领域拓展，大大促进了商标工作的顺利开展。2016年，深圳市累计有效商标注册量约55.6万件，其中包含驰名商标166件，驰名商标数量约为改革前的4倍，在我国副省级城市中，深圳创造了首个驰名商标"破百"的记录。

"大部制"充分发挥了执法队伍与监管网络的优势，使其在版权及专利领域得到了更大发展。深圳市市场和质量监督管理委员会设立了新的知识产权执法体系，在其内部设立监管所、市局和区局，区局可以办理版权、商标及专利三类行政执法案件。其中，区局一级办理的专利案件占整个系统同类案件总数量的60%以上，是知识产权维权执法极其重要的部分。该委通过设立在本部门的市"双打"办，建设知识产权保护"两法"衔接网络平台与深圳市"双打"常态化机制，将执法力量集中，紧抓社会热点，查办处理具有重大影响的知识产权大案要案。2014年6月，该委成功查办了"快播"公司侵犯腾讯公司影视作品网络传播权案件，并对"快播"公司开出2.6亿元的巨额罚单，此实践在全国产生了巨大轰动。

（二）服务型理念为创客营造更好的创新环境

企业是创新主力军，新兴创业企业是深圳自主创新体系的鲜明特色。"4个90%"（90%的专利、90%的科研投入、90%的研发机构、90%的研发人员）均来自企业，包括腾讯、大疆科技、中兴、华为、华大基因、光启理工等龙头行业及大量创新创业企业。深圳市市场和质量监督管理委员会优化创新服务进一步释放了大知识产权的体制优势,为创新企业特别是创客创造了更加舒适的创新环境。

创新"定制式"服务模式。把私人定制的理念运用到创客的扶持服务上,根据创客不同需求,有针对性地提供个性化、多样化辅导,如为公司提供专利风险管控、知识产权管理制度等指导。

推动产业专利联盟建立。在深圳市超材料、生物医药、新能源、LED等战略性新兴产业中,促成了7家专利联盟建立,在维护行业企业合法权益、加强行业自律等方面产生了积极作用。

完善各项政策措施。加快实施促进知识产权质押融资若干措施的步伐,着重推进知识产权质押融资模式,合理创新运用信用再担保方式,推动企业与金融机构之间更好对接;试点专利保险,推进专利价值评估,建设版权兴业示范基地,以版权保护促进软件产业的健康发展,以统一购买的方式实施市、区两级机关软件正版化。据统计,深圳市计算机软件著作权登记量占全省登记总量50%以上,在全国大中城市中遥遥领先。

引进国家级服务资源。推动国家知识产权服务业集聚发展试验区、审查员实践基地、国家知识产权局在深圳驻扎落户。国家知识产权局为深圳企业发明专利提供了大力支持,派出巡回检查组进行现场实地审查,促成国家知识产权局、国家工商总局在深圳举办美国专利维权、专利国际审查高速路、商标国际注册等培训,大量企业从中获益。

(三)瞄准"一带一路"和自贸区,深化改革服务深圳新一轮创新发展

自2014年深圳市委市政府下达学习《中共中央国务院关于深化体制机制改革加快实施创新驱动发展战略的若干意见》专题工作会议精神以来,深圳市市场和质量监督管理委员会展开系列研究、部署深化知识产权工作制度的改革,力求更好地适应与服务深圳市创新发展。

该委会同市公平贸易促进署和前海管理局到中国(广东)自贸区深圳蛇口片区、前海合作区,就如何引进与培养知识产权高端人才、知识产权高端服务机构,如何加强金融与知识产权的结合、平衡进出口等问题进行实地调研,并将此融入深圳市知识产权"十三五"规划中。目前,协调海关、仲裁、司法等部门积极探索,努力在深圳建立知识产权快速维权中心,此维权援助中心将把知识产权申请、鉴定、预警、纠纷调解、维权援助、行政执法、司法诉讼、仲裁整合为一体,建立全新的知识产权服务平台,形成知识产权授权速度快、维权效率高、确权速度快的模式,对深圳市重点产业领域进行全面覆盖,使其创新潜力与活力得到充分发挥。

积极联合海上丝绸之路沿线国家,深化合作,使知识产权在创造、运用、管理和保护方面获得更大突破,为科技创新、科技合作提供良好环境。深圳创投机构云集,在科技金融方面发展迅速,可以大力支持创投企业在海上丝绸之路沿线国家发挥优势,开疆辟土,并设立创投基金和创投机构,扶持当地创新企业成长。全力支持深圳未来产业领域、战略性新兴产业的核心企业承接"一带一

路"沿线国家的重大工程建设,鼓励创客走出国门投资设厂。推动企业进行实质性转型,在技术、标准与品牌输出方面进行改善与提升,提高对沿线国家科技创新的影响。实行大企业与中小企业分批发展模式,强化领军企业创新能力,使其进入世界科技创新前沿,并带动中小企业进行模块化创新,深造与强化关键性技术,使其成为有国际竞争力的核心技术,使知识产权具有核心性、自主性,达到在国际技术标准中,可以进行主导或参与的水平。

逐步设立在海外进行知识产权维权的基金,充分发挥企业联盟的作用,更好地进行海外维权。结合国际市场拓展与深圳创新发展趋势,该委鼓励企业间、产业内知识产权交叉许可,组建专利运营机构、专利基金、专利池等合作体,协同行业协会与企业打造产业联盟或企业联盟。此外,积极设立海外知识产权风险预警机制,关注热点国家和地区的知识产权政策更新,同时激励设立知识产权海外维权案例库,使海外维权流程更加系统规范。

(四)服务创客知识产权的纲领性文件发布,服务创客坚实长远发展

2015年10月19日,深圳发布《众创空间知识产权服务标准指引(2015版)》,该指引由深圳市国新南方知识产权研究院会同全国22家知名众创空间、机构共同研究制定,是全国众创空间知识产权服务标准的重要指引性文件。

该《指引》明确了创客以及众创空间范围,在知识产权、创客和众创空间等内容与含义方面进行了扩展。同时,该《指引》在知识产权服务项目体系方面进行了详细阐述,对众创空间的创建,创客的进入、孵化、毕业整个流程进行了诠释。

例如，众创空间建立伊始，应着重预防知识产权法律风险，重点关注孵化创客的创新成果，并着力培育其知识产权资源，努力提升其知识产权价值，打造核心竞争力，并在创客刚进入时，协助创客理清其知识产权的现状等，为其提供优质的知识产权规划布局服务，以便其在孵化过程中事半功倍。

据调查，由于各类众创空间发展迅速，创业型以及带有兴趣爱好的创客群体在迅速增长。如何使得众创空间为入孵创客提供更加完善的知识产权方面的服务体系，确保创客在创新创业过程中免受知识产权侵害，同时加强知识产权的经营运作，实现更高经济利益，成为现阶段众创空间及创客群体重点跟进的项目。

（五）摒弃"山寨"思想，知识共享更要有自我约束精神

从技术演进的历史实践中可知，产业链和功能升级离不开特定突破性技术的创新与生产模式转型的配合。目前，制造技术得到了突破性发展，创客模式的出现，使其在生产组织方式方面得到了重大的、本质的变革。

从深圳创客空间的演化历程中可知，全球联系依旧是深圳"草根"创新活动中较为重要的技术来源和创业资本来源。不同于"山寨"文化的"草根"技术学习网络，通过全球化的创业辅导与知识分享，激发众人的企业家精神和技术创新热情，成为地方产业升级转型中最为珍贵的人力资本。

深圳创客的优势也是其发展隐患所在。全球创客运动的发展是在知识共享和尊重他人知识产权的基础上建立的，其发展以合

作共享为目标，集众人之力，协助每个创客实现创新理想。创客空间与"山寨"文化靠抄袭牟利、不尊重知识产权的做法大不相同。突出创客空间的公益特点，完善知识产权保护制度与基于开源软硬件的市场交易规则，对于创客活动健康发展具有深远意义。

二、检验检测服务

作为创客发展软环境的重要一环，检验检测服务致力于支持创客平稳快速发展。检验检测服务包括检验、检测、检疫、鉴定、检查、计量、校准、教学和科研等全方位的技术服务体系。为支持我国创客发展，为其提供良好的创新创业氛围，国务院在2015年两度发文指出，发展众创空间，打造检验检测配套服务体系；大力发展检验检测等第三方检测专业服务。

近年来，深圳出现了一批有特色、有亮点、有潜力的众创空间，并成为创新创业者的聚集地和"大众创业、万众创新"的重要阵地。为调动和发挥各类创新主体的创造性和积极性，充分发挥科技创新的驱动与引领作用，紧密对接实体经济，加快全国经济结构及产业转型调整，众创空间在重点产业领域扩展，并加强与高校等科研机构的共同研发与创造，加快建设一批众创空间。在此背景下，检验检测服务须跟随潮流，为创客发展提供重要的基础服务。

推进检验检测服务快速平稳发展是深圳近年来响应并支持"大众创业、万众创新"的重要措施，是强化深圳本地产业发展新动能、提高发展效益、促进社会就业的重要途径，是落实创新驱动发展战略的有力举措。

（一）检验检测服务为创客开"绿灯"

深圳为促进众创空间专业化发展，为检验检测服务行业制定了一系列的创新驱动发展战略。努力打造全方位、低成本、专业化的检测服务体系，激发更广范围的创新创业活力，对提高现实生产力，增强实体经济发展做出了巨大贡献。此外，通过联合龙头企业、中小微企业、科研院所、高校、创客等多方力量，支持检验检测在技术和费用成本上打造产学研用紧密结合的众创空间。使得更多科技人员投身科技型创新创业，使各项创新要素得到了整合和优化配置，促进了产业链与创新链融合与发展，提高了创新与服务水平。

一是检验检测服务配套支持全程化。通过为创新创业者提供全方位及全程化的检验检测服务，带动民间检验检测产业的快速发展，并实现创客发展产业链资源开放共享和高效配置。如将深圳市检科院打造成为具有科研开发、检验检测、认证服务、企业孵化、技术转移、成果转化等功能的一体化综合类科研服务机构，为创客提供一体式全方位的检验检测服务。

二是检验检测服务创新化、人性化。通过调整与优化专业领域的先进技术、国际标准、先进设备、前沿信息等资源，使创新创业者能够从中获得具有专业特色和针对性的增值服务。

三是检测检验服务低成本化。通过对创客，尤其是刚起步的创客实行检验检测服务优惠，着力解决中小企业经济实力薄弱、创新要素匮乏等困难。例如，政府可以向实力弱的企业发放创新券，企业则可利用创新券向科研机构、科技服务企业、高等院校和科技服务机构购买科研服务。

（二）官方检验检测服务的"改革开放"

官方检验检测服务在过去一直是行业的主导者和垄断者，随着改革开放的深化和市场化程度提高，民间检验检测也在不断发展。官方检验检测在很多关键部门是一家独大，如各部门检验检疫单位。官方检验检测不论在检验检测的权威性还是服务的全面性上都有很大竞争优势。因此，官方检验检测若能更大程度市场化，将会极大激发市场活力，并带动政府职能部门转变。具体做法要以市场为导向，公平、公正、公开地支持创客发展。

一是坚持发挥市场配置资源的决定性作用，摆脱过去行政审批效率低下、市场竞争力不强等弊病。并有效发挥新一代信息技术的作用，使创新创业者得到更多的资源，降低其创新创业成本，促进创新链、产业链、资金链的融合，让市场对科技成果进行衡量。

二是坚持服务科技创新的重要辅助作用。以辅助科技成果转移转化为重点，扩大"双创"的源头供给，推动科技型创新创业，激发科技人员创新创造活力，使之成为创新创业的主力军。

三是坚持服务和支撑实体经济发展。大力推动龙头骨干企业在整个生产方面改革创新，努力创造"制造+服务"的工厂模式，提供智能化服务，使更多中小微企业蓬勃发展，为经济进步注入新的资源，培育新业态，催生新产业。

（三）对特定行业创客进行"特别服务"

深圳市政府对在重点产业领域发展的众创空间和创客给予优先服务。重点在电子信息、高端装备制造、生物技术、新能源、节能环保、医药卫生、现代农业、现代服务业和文化创意等产业领域率先展开试点。针对产业需求和行业共性技术难点，组织行业专家学者进行集中的技术难点攻克，在细分领域建设创客检验检测服务"站点"，对创客创新技术进行前瞻性指导和辅导，并对创新转化成果进行快速有效检验检测。

（四）以知识和技术汇集地为大本营

市政府鼓励检验检测服务机构进驻科研院所、高校，围绕优势专业领域，龙头骨干企业围绕主营业务方向建设众创空间，强化服务针对性和便捷性，使众创空间的创客能够充分发挥科研设施、专业团队、技术积累等优势。以大学科技园、工程实验室、工程研究中心、重点实验室等为创新的载体，建设以科技人员为核心、以成果转移转化为主要内容的众创空间，并鼓励检验检测机构进入众创空间和创客面对面，甚至参与产品研发和技术成果转化的过程，为科技型创新创业提供专业化服务。

（五）以国际化的视野服务创客

近年来，深圳市鼓励并支持加强与国内外尤其是国外检验检测机构的合作。检验检测机构人员在参与国际交流的同时，吸收国外先进的管理和服务经验与技术，并针对本地创客特点进行管理和服务的技术改进，激励创客与国外先进创业孵化机构进行合作，打造更高水平的创客检验检测中心。同时，积极采取措施刺激龙头骨干企业大力开展与国外创业孵化机构的合作，促进其建立投资资金，对国内创客进行投资，并引进国外检验检测标准，加速技术知识向国内转移,促进创客良性发展。支持检验检测机构同创客一道走在国际前沿,吸收先进的孵化理念,充分吸取和利用国外技术、资本和市场等资源,从而提高众创空间的国际化水平。

三、商务服务

商务服务将产品成功进行商业化、市场化,是将前期投资进行回收并实现投资增值的重要过程,并在此愿景下服务于创客以及创客空间。商务服务作为创客面向消费者客户的终端服务,打通了创客从产品研发、生产到消费的所有环节,为创客提供完善的生产以及营销服务。商务服务使创客能够专心于产品的研发。商务服务包括专业服务,例如咨询、法务、会计、审计、税务等;计算机服务,包括硬件配置、软件开发、网站服务、服务器租借购买搭建等;营销服务,例如广告、摄影、设计、包装、营销、售后等。商务服务包含了创客从产品构思到模型、从模型到生产、从生产到市场的一系列活动。

打造全方位、一体式服务于创客的商务服务体系是深圳市政府工作的重中之重。深圳拥有开放的市场、自由的商业环境和高效的政府。近年来,越来越多的商务服务机构在深圳扎根,也有越来越多的企业参与到创客产业发展中,为创客产业发展提供技术、资金及人才。

如赛格国际创客产品展示推广中心,为创客提供了产品融资、众筹、发布、展示、路演、推广、交易以及创客交流、培训等服务,完全打通创客产品在上游的小规模生产与下游的销售网络,为广大创客集中解决商业化进程中品牌建立与商品推广放量两大核心问题。

商务服务产业属于第三产业中的高附加值产业,也属于创客产业的一种,其发展能够促进创客产业的发展,创客产业的发展反过来拉动商务服务产业,两者互相促进、互相发展。

第三节 科技金融体系

深圳创客的发展离不开深圳市政府制度政策的支持,如人才政策、载体政策、体制改革等;检验检测、知识产权服务等科技服务水平的不断提升也有利于深圳创客环境的改善。同时,创客的发展也离不开深圳良好的科技金融体系提供的支持。深圳金融业发展有如下特点:

一、发展速度快

在2008年全球金融危机的严重冲击下,深圳金融业在2009年仍保持快速增长,其作为深圳支柱产业的地位越来越稳固。根据深圳市金融办发布的2009~2015年深圳市金融业发展基本情况[①]可知,2015年深圳金融业实现增加值2542.82亿元,同比增长15.9%,比2009年深圳市金融业增加值1148.14亿元增长了2倍

---

① 数据来源:深圳市人民政府金融发展服务办公室网站

多；深圳金融业总资产由2009年的3.3万亿元增加到2015年的9.19万亿元，增速接近300%。同时，金融业对深圳市税收的贡献能力也在不断提高。据市统计局初步核算，2009年金融业纳税总额为294.32亿元，到2015年，深圳金融业全年实现税收979.71亿元，较2009年增长了3倍多；2009年实现税前利润669.69亿元，2015年税前利润上升至2799亿元，稳居深圳四大支柱产业之首。深圳市金融机构本外币存款余额由2009年的18357.47亿元上升至2015年的5.78万亿元，实现3倍增长。金融业对实体经济的支持能力不断增强。在深圳证券交易所上市的公司数量由2009年的830家，上升到2015年的1746家，其中主板、中小板和创业板分别为478家、776家和492家。

二、实力强

深圳金融业实力之强主要体现在三方面：

（一）金融资产规模大

2016年，深圳市金融业实现增加值2876.89亿元，占全市生产总值的14.8%，同比增长14.6%；金融业实现国地税合计税收979.1亿元（不含证券交易印花税790亿元），占全市总税收的20.2%。截至2016年底，全市银行业总资产7.85万亿元，证券公司及保险公司（法人企业）总资产分别为1.25万亿元和3.6万亿元，三者合计约12.7万亿元，金融业资产规模稳居全国第三。英国智库Zyen集团在2015年发布的"全球金融中心指数"（GFCI）排名中，深圳位列全球第二十二,国内排名第三,仅次于香港和上海。银行业方面,全市金融机构的本外币存款余额为6.44万亿元,本外币贷款余额为4.05万亿元。两项规模均居全国大中城市第三位。证券业方面,2016年证券业盈利水平下降,但辖区20家证券公司合计营业收入仍居全国首位,总资产、净资产、净利润规模仅次于上海,居全国第二位。保险业方面,2016年深圳保险市场共实现保费收入834.5亿元,同比增长28.9%,较去年同期增长了10.9%。保险项目中的财产险和人身险则分别实现保费256.54亿元、577.91亿元。

(二)金融机构数量多

截至2016年底,深圳市持牌金融机构共403家、法人机构173家、小额贷款公司144家、融资性担保公司97家、融资租赁公司1940家,包含了一大批知名金融机构,如中信证券、招商银行、中国平安、中期期货、深圳创新投资集团、博时基金管理公司、中科智控股集团等。同时,大部分金融机构选择将总部设在深圳。保险业方面,截至2016年底,深圳市保险法人机构已增加至25家,机构数量位列全国第三;保险分公司72家,其中人身保险37家、财产险33家、再保险2家;保险中介法人机构127家,基本建立了完善的保险市场体系。随着前海合作区的深入发展,金融机构形态趋于多样化,除了传统的银行、证券、保险等,还有大批私募基金、互联网金融、要素交易市场、小额贷款等金融机构新形态。截至2015年6月,约有1273家互联网金融企业在前海完成注册,2015年底上升至2000余家。2016年,有超过4万家金融机构及准金融机构在前海注册。

(三)交易规模大

自1990年底深圳证券交易所投入运营以来,深圳市的证券交易规模迅速扩大,金融市场交易一直保持高度活跃。截至2016年底,深圳市证券交易额123.5万亿元,增长37.8%。其中,深圳银行间货币市场交易量94.42万亿元,同比增长48.8%;银行间债券市场交易量23.75万亿元,同比增长69.9%。全市黄金夜市成交量63.2万吨,同比增长24.9%,占上海黄金交易所交易量的54.2%;夜市成交额4.98万亿元,同比增加59.5%,占上海金交所交易额的28.6%。2017年7月底,深圳上市公司达2008家,上市证券达4988只,总市值达223770.02亿元。

三、国际化程度逐步提高

深圳金融发展最大的优势是毗邻国际金融中心香港。2007年,深圳市政府出台"十一五"规划,强调深圳金融业的发展目标是走向世界。深圳金融业发展的最佳途径是促进深圳与香港金融业务的合作。经过多年发展,深港金融合作不断深化。一方面,深圳、香港两地的金融业务越来越频繁,大量香港金融机构来深圳设立分支机构,两地交通卡实现互联互通,香港成为离岸人民币金融中心,"深港通"开通等;另一方面,深圳成为沟通国内外资本流通的桥梁。2012年6月,《国务院关于支持深圳前海深港现代服务业合作区开发开放有关政策的批复》文件下发,明确指出支持深圳前海建设我国金融业对外开放试验示范窗口。凭借打造国家开放金融试验区先行先试的政策优势,前海成为深圳金融国际化的中心,标志着深港金融合作进入一个新阶段。2013年1月,前海跨境人民币贷款放开贷款政策,允许符合条件的前海企业按市场定价方式,从香港银行借入人民币资金,这是人民币国际化的新阶段。

四、科技金融体系逐渐形成

2011年,《关于确定首批开展促进科技和金融结合试点地区的通知》出台。《通知》明确了全国首批16个开展促进科技和金融相结合的试点地区,深圳位列其中。深圳市政府随后出台一系列促进科技与金融共同发展的文件,如《关于促进科技创新的若干措施》《关于努力建设国家自主创新示范区、实现创新驱动发展的决定》《关于促进科技和金融结合的若干措施》等,推动政府、银行、创投、担保、保险、园区、行业协会等多方力量,致力于构筑立体化科技金融服务体系,并于2012年创造性地在全国率先推出"深圳市科技金融联盟",建立"深圳市科技创新资源共享平台"中心;同时在南山、宝安、龙岗、光明等多个区设立科技金融联盟工作站,如龙岗区的天安数码城和大运软件小镇,光明区的留学生创业园以及弈投孵化器、中海信科技园等,在工作站不定期举办科技金融创新产品推介会、项目沙龙等。2017年,在中国科技金融高峰论坛暨首届中国科技金融联盟工作交流会上,中国科技金融联盟在深圳正式揭牌,首批共有28家单位获联盟授牌。通过政策与服务体系双轮驱动,深圳已初步构建出一个立体化、全面化的科技金融服务体系,通过创新型的金融业务形态,如天使投资、创业投资、种子基金、产业基金、担保基金等,满足创客企业从创立到成长再到成熟的整个生命周期各类融资需求。

为进一步完善深圳市金融市场环境,深圳市出台《深圳市社会资本项目核准暂行办法》,促进深圳投融资体制改革。其内容包括:进一步放宽对技改、社会资本投资的审批制度,消除非公有制经济的市场准入障碍;对现存公用事业投融资体制进行改革,探索设立基础产业和基础设施基金,增加基础产业融资渠道;促进金融改革和创新,创新大型市政公用事业的项目融资方式,大力支持深交所的中小板市场的发展,支持银行、保险、证券、期货改革创新,巩固和提升深圳金融中心地位;发展企业债券市场,完善非上市股份公司股份的柜台和场外交易,增加企业融资渠道;改革现有人才管理制度,完善人才政策,整合人才市场,建立健全科学的绩效评估机制;建立人才公共服务机制,推进人才资源开发使用的市场化,完善工作机制;进一步深化深港金融合作,提高深圳金融业发展水平。

以下分别从企业最为核心的两种融资方式——股权融资和债权融资来分析深圳科技金融体系。

(一)股权融资支持

根据融资方式的不同,企业股权融资渠道可分为公开市场发售和私募发售。公开市场发售指企业通过股票市场向投资者发行股票以筹集资金,具体表现为企业上市、上市企业增发和配股。私募发售则是通过特定投资人对企业增资入股的一种融资方式。

我国对公司上市5000万元的资产规模且连续3年赢利等要求，使得我国多数中小创新型企业很难达到上市发行股票的门槛，因此私募成为中小创新型企业的主要融资方式。风险机构投资者、产业投资机构、上市公司及个人投资者是私募领域的主要投资者。

1. 政府政策支持

2012年，深圳市科创委颁布的《关于促进科技和金融结合的若干措施》中提到，要大力扶持股权投资基金发展，进一步落实深圳对于促进股权基金业发展有关规定的相关政策，使达到投资要求的基金企业享受相关优惠政策。其中，创业投资企业中持续2年以上投资的中小高新技术企业，可以对其投资额的70%，在股权持有满2年后抵扣该创业投资企业的应纳所得税额；对于当年不足抵扣的，可以在以后纳税年度抵扣。同时进一步提出增加科技型企业直接融资渠道：发展深圳区域性交易市场；促进企业体制改革与挂牌上市；争取代办股份转让系统试点。同时，促进前海地区科技金融体制的创新，通过与国际知名股权投资机构合作，探索合格境外有限合伙人运作模式，完成境外资金投资国内市场的试点工作，使得股权投资国际化。《2015年深圳市金融改革创新重点工作》进一步指出，要增加直接融资比重，加大对中小企业上市扶持力度。

2. 要素交易平台快速发展

2016年4月18日，深圳文化产权交易所正式推出"文化四板—教育专板"。"教育专板"是全国首个服务于中国教育产业的产股权场外交易市场，为教育产业实体提供挂牌宣推、融资服务和辅导转板上市的全套金融服务。近十年，深圳先后成立了前海股权交易中心、深圳联合产权交易所等交易平台。作为深圳资本市场的有力补充，这些平台共同形成了除深交所外的场外市场。2015年3月，深圳市海大装饰集团有限公司在前海股权交易中心成功挂牌。时隔一年，该公司在深圳布吉的创意园项目正式运行。前海股权交易中心沉淀了很多投资方，可在短时间内找到匹配资金。其构建的生态型市场体系，是对现存中小企业从初创走向上市过程各阶段功能需求的完善，其快速发展为创新型企业提供了私募融资等更多渠道。

"十二五"期间，深圳先后成立了深圳石油化工交易所、深圳农产品交易所、前海股权交易中心、前海金融资产交易所等多个要素交易平台。2013年，在贵金属、玉石、黄金珠宝等多个领域中新增交易所达15家。截至2018年底，前海股权交易中心挂牌展示企业数量突破13000家，继续保持全国挂牌展示企业数量最多、影响最广的区域性股权交易市场地位。同时，深圳农产品交易所创新性地发布中国农产品批发价格指数；深圳排放权交易所在国内最先开始碳排放权配额交易。

3. 创投机构蓬勃发展

风险投资机构融资是股权融资中较常见的方式，能够给企业提供大量资金，有利于企业进行二次融资，同时不参与企业的日常经营管理，帮助企业制定未来再融资规划和寻找上市渠道。经过40多年的改革开放发展历程，深圳金融环境不断改善，创新型企业不断扎根深圳。作为直接融资的重要角色，创投机构也在深圳蓬勃发展。截至2015年底，深圳风投机构达4.6万家，在"2015年度中国股权投资年度排名榜单"的国内创投前二十机构中，深圳本土有10家企业进入，其中总部位于深圳的达晨创投和深圳创新投分获前两名。可见深圳传统金融格局正在改变，互联网金融、

VC/PE、融资租赁等新兴金融形态层出不穷。柔宇科技在企业C轮融资中，得到了IDG资本、深圳市创新投资集团、松禾资本等国内外知名风投机构的支持，共募集资金约11亿元人民币。深圳创投机构在深圳蓬勃发展，意味着创客企业股权融资对接的投资者数量增多，扩大了创客企业通过股权融资成功的机会。深圳市金融办数据显示，截至2016年底，深圳私募基金管理人完成登记3544家，私募基金产品备案8300只，管理资产规模达1.18万亿元，上述三项指标均居全国第三位；深圳市VC/PE机构近5万家、注册资本约3万亿元。

4. 多层次资本市场体系逐渐形成

企业上市能够募集到更多资金，同时可基于市场对企业市值定价，得到市场认可。在多种融资方式中，中小型创新企业更愿意采取公开市场发售的方式，但公开市场发售的门槛较高，只有发展到一定阶段、有持续赢利模式和一定规模的企业才会考虑这种融资方式。2004年我国中小企业板市场成立，2009年创业板市场成立，深圳多层次的资本市场体系也因此确立下来，以主板市场、中小企业板市场、创业板市场为一体的多层次体系的深交所，能够为高科技企业和中小企业风险投资提供完善的退出机制。2011年、2012年，深交所的IPO数量分别为321家、129家，位居全球IPO数量首位。截至2016年底，深圳上市公司已超过2000家，上市公司营业总收入达82100.64亿元。银行间货币市场和债券市场交易规模增长迅猛。2003年，深圳银行间市场交易量2.6万亿元。2014年，深圳银行间货币市场和债券市场交易金额达到40.96万亿元。自2005年上海黄金交易所深圳备份中心在深圳成立以来，深圳市黄金交易总量和交易总额持续保持全国领先。

5. 前海创投小镇

2017年4月，在前海深港财富管理论坛上，前海深港基金小镇举行了首批21家财富管理类机构入驻仪式，并和13家第三方金融服务机构签署了战略合作协议。前海创投小镇是自贸区首个财富管理项目，也是深圳市私募基金管理行业首个金融产业园区，形成了深圳创投基金中心/金融科技先导区、对冲基金中心、大型资管中心三大产业集群。前海深港基金小镇在成立之初就定下"创投基金中心""金融科技先导区"的战略目标。"创投基金中心"以VC、PE、天使投资为主要投资方式，引进各类投资企业入驻，有效解决部分中小企业融资问题。截至2016年底，前海合作区累计注册金融类企业51188家，注册资本高达44112.79亿元，入驻金融持牌机构达195家；金融产业全年实现税收95.35亿元、金融增加值378.29亿元，同比增长分别为99.86%、45.48%。前海深港基金小镇重点引进和培育对冲基金、创投基金和大型资管等机构，进一步推动资源整合、产融结合，形成自有的核心业态和完善的基金生态圈，打造成为国内尖端基金集聚示范区。

(二)债券融资支持

按融资渠道不同，债券融资可分为银行贷款、发行债券和民间借贷借款三类。企业发行债券对主体有很高的条件要求，要经过严格的审批。对于中小型企业，发行企业债券并不是最优选择。民间借款由于自身不规范的缺点，在我国并不受法律保护，甚至被认为是"非法集资"而受到相关法律制裁。银行贷款是债券融资的主要形式,但由于创新型科技公司风险大而很难获得。一般而言,银行更愿意给资产安全性更高的国有企业、大机构和上市公司贷款。

1. 政府政策支持

2012年深圳市科创委《关于促进科技和金融结合的若干措施》中提到,要发挥金融机构的间接融资主渠道作用:(1)通过支持中小高新技术企业经营特点和贷款需求,创新金融机构服务模式,完善业务营销和风险管理机制;(2)完善无形资产质押融资的风险补偿机制及信用体系,支持金融机构综合运用买方信贷、贸易融资等方式创新现有业务品种;(3)支持担保机构创新担保方式,推动担保与创业投资相结合,实现高新技术产业在初创期、成长期拥有全覆盖的担保品种;(4)完善相关政策促进民间资本支持高新技术企业的发展,推动信托机构基于高新技术企业推出面向社会投资人的信托产品。截至2014年底,有116家小额贷款公司获得运营资格,其中已有104家小额贷款公司正式营业。同时,深圳有101家公司取得融资性担保机构运营许可证,累计为高新技术企业担保贷款72.98亿元。

2. 跨境贷发展

随着前海合作区开发开放成为国家战略,前海率先实行跨境人民币贷款发展,渣打银行、东亚银行、汇丰银行等超过万家金融机构在前海集聚,首家民营互联网银行——前海微众银行也在此成立。2014年,境外融资以1%~2%的利率优势吸引着内地企业。跨境贷业务使企业可以利用境外低成本资金,降低了企业总成本,如首批跨境贷签约额为20亿元,可以为企业节省2000万~4000万元的融资成本。此外,前海享受四大国家级战略定位,即深港合作平台、金融业对外开放试验示范窗口和跨境人民币业务创新试验区、"一带一路"倡议支点以及广东省自由贸易试验区。

3. 深圳金融业不断进行金融创新

近年来,深圳金融改革创新领域主要集中在为中小企业提供融资服务方面。面对"中小企业融资难",深圳金融业不断创新、攻克难关,多个创新项目获得创新奖荣誉。如招商银行开了我国小企业金融服务专业化经营的先河,首创"小企业专营金融服务模式",发放贷款超过460亿元,累计支持小企业达7600家。自2008年以来,中国人民银行深圳市中心支行搭建的"评信通"中小企业融资平台,已为124家企业提供了专属"融资服务",该平台已落户东莞、惠州,成为深莞惠金融一体化的重要组成部分。

第四章　深圳创客的演进历史

第一节　深圳"创客之城"形成过程

近年来，深圳创客队伍不断壮大，柴火创客空间、深圳创客世界等创客机构在国内外创客领域已具有一定知名度和影响力。国务院总理李克强到深圳柴火创客空间考察，在全国掀起了一股创客文化热潮。创客的聚集、创客文化的兴起是深圳这座"创新之城"最时尚的表征。深圳已成为中国乃至世界的"创新之城"，"创新"也成为深圳的代名词。

深圳原本是个小渔村，在中国改革开放的历史进程中创造了世界工业化、城市化、现代化建设的奇迹，一跃成为国际化大都市。深圳迅速崛起的关键就在于持续创新。在特区初创期，深圳率先冲破旧观念，传播新思想，为中国改革发展创新探路，如发行新中国第一只股票，敲响中国土地拍卖"第一槌"等；在转型发展期，深圳凭借创新成为中国经济新常态下创新发展的急先锋，成为"创客之都""创新之城"。

一、"大众创业、万众创新"的号召

2014年9月,李克强总理在夏季达沃斯论坛上发出"大众创业、万众创新"的号召,并于2015年在政府工作报告中再次提出支持"大众创业、万众创新",从国家战略角度进行支持和鼓励。

深圳先后出台一系列扶持创业的文件,如《关于做好创业担保贷款工作的通知》《深圳市自主创业扶持补贴办法》《关于加强创业导师服务工作的通知》《关于加强创业项目征集工作的通知》等,从融资贷款、补贴扶持到创业服务等方面,对创业创新增加扶持力度。

二、深圳的创客精神

深圳创客不断创新,推陈出新,追求质量与智造,打造自主品牌,发扬深圳创客精神。

(一)深圳创客的创新

2016年,深圳PCT国际专利申请量增长约50%,占全国一半,国内发明专利申请量增长约40%;荣获国家科技奖励16项和中国专利金奖、外观设计金奖4项,其中,深圳企业参与的4G TD-LTE关键技术与应用首获国家科技进步奖特等奖;华为短码方案成为全球5G技术标准之一;石墨烯太赫兹芯片、无人机、柔性显示等技术处于全球领先水平。

（二）深圳创客的深圳智造

深圳智造在深圳市政府和深圳创客的努力下不断发展和升级，已享誉世界。深圳湾创业广场拥有丰富的人才资源、优越的地理位置、先进的科学技术以及大量的金融资本，完备的资源环境，集聚了大量创新创业孵化器，吸引众多创新创业团队。华星光电是深圳著名的智造企业，其生产的曲面UHD显示屏、FHD显示屏等产品备受好评，享誉国内外。经过深圳市政府和深圳创客的努力，深圳智造已逐步替代以往的假冒伪劣的产品形象。智造产品是深圳创客的不懈追求和目标，在打造中国智造、深圳智造的形象过程中，深圳创客做出了巨大贡献。

（三）深圳创客的深圳品牌

深圳创客引领了深圳品牌。品牌是一个企业及其产品、服务、文化、价值观的综合体现。塑造一个好的品牌，充分利用品牌效应吸引客户，提升产品的辨识度是制胜的关键。深圳创客在打造品牌方面做了很多努力。

2014年，深圳提出"打造深圳标准，铸就深圳品牌，树立深圳信誉，提升深圳质量"，初步确定形成了质量、标准、品牌、信誉"四位一体"的发展道路。2017年初，《深圳市质量发展"十三五"规划》重申质量与品牌的关系和重要性。据不完全统计，深圳目前已拥有超过10万个自主品牌，其中大部分是创客企业品牌。品牌是新时期深圳创客打造公司形象，保持已有客户和发展新客户的保障。深圳创客重视品牌，在品牌建设上紧跟深圳市政府步伐和政策，严格遵从深圳市政府的领导和要求进行品牌建设，部分创客企业在品牌建设上甚至超越已有标准，成为标杆。华为、腾讯等深圳创客品牌，其特有的产品质量和标准誉满全球。

第二节 改革开放初期的创客发展

一、万科

深圳万科企业股份有限公司成立于1984年5月，以房地产为核心业务，是中国大陆首批公开上市的企业之一。万科于1988年进入房地产行业，经过30余年的发展，成为国内领先的房地产公司，主营业务包括房地产开发和物业服务。截至2016年底，万科业务已分布在以珠三角为核心的广深区域、以长三角为核心的上海区域、以京津冀为核心的北京区域，以及由中西部中心城市组成的中西部区域等四大区域65个主要城市。

（一）万科企业发展历史

1. 战略混沌期：从贸易起步，由单一经营到多元化经营，以机变应对市场（1984—1991）

万科是一家以电器设备起家的国营电器器材经营单位。

1984年，万科以"现代科教仪器展销中心"的名称注册，经营办公设备、视频器材的进口销售业务，开发大陆专业视频器材专业市场，是深圳最大的进口销售商。同年，公司成立了第一家内联企业

"现代医学技术交流中心"，主要代理进口国内医疗市场需要的诊疗设备。

1985年，国家进行宏观调控，加强外汇管理和机电产品清理，国内市场严重萎缩。万科紧急调整经营策略，多方拓展销售业务，形成了深圳本部调汇、进货，广州点储运，北京点销售的"三点一线"销售模式，营业额一度占国家计划外市场的60%。

1986年，公司加强企业管理，引进办公自动化设备，聘请中华会计事务所为财务顾问，赞助大型文艺演出和文化刊物。

1987年，万科更名为"深圳现代科仪中心"。万科改整机进口为散件引进，国内组装、销售，业务进展顺利；与日本索尼等公司建立了密切联系，这一过程中开始接触并学习客户服务，为房地产业务的物业管理服务奠定了良好基础。同年，万科兴办了第一个工业投资项目"精时企业有限公司"。

1988年，万科再次更名为"深圳现代企业有限公司"。政府批准股份化改组方案，原公司的1300万元资产中，国家占60%，职员占40%，公开募集社会股金2800万元。后定名为"深圳万科企业股份有限公司"。1988年11月，以2000万元的价格投标买地，万科开始正式进入房地产业，这标志着万科以地产为专业，多元化发展经营阶段的开始。

1989年初，万科招股顺利完成，募集的资金主要投向了工业生产、进口贸易和房地产开发。深圳万科地产有限公司于1989年成立。同年，由于走私市场的冲击和计划经济僵化，万科摄录像器材的销售业务日趋萎缩，但其工业服务、房地产行业发展良好，创造了新的利润来源，成功渡过了难关。1990年，万科决定向连锁零售、电影制片及激光影碟等新领域投资，初步形成了商贸、工业、房地产和文化传播四大经营架构。1991年初，万科确定了集信息、交易、融资、制造于一体的"综合商社"发展模式。

2. 战略摸索期：以房地产为主营业务，全国扩张，隐忧时现（1991～1994）

从1988年到1994年，万科实现了第一轮扩张。1991年确定"综合商社"发展模式后，万科实施多元化和跨地域经营战略，实现急速扩张。万科实现第一轮扩张，与1993年以前发行A、B股以及增资扩股有密切关系。

1992年，万科"遍地开花"。在贸易方面，万科成立贸易经营本部，万佳连锁在武汉和乌鲁木齐开办商场，并增设大连公司、珠海公司、武汉公司、新疆公司和北海公司；在地产方面，香港银都置业、青岛银都花园、天津万兴和万华、上海万科房地产、北海万达房地产等分公司相继成立；进行股权投资的国内公司达到13家；成立万科文化传播有限公司，开展电影、广告、卡拉OK影碟等制作和发行业务。

1993年，万科向上海市民正式推出中档城市居民住宅——上海万科城市花园，受到市场欢迎，给刚启动的上海房地产市场起了积极的推动作用。

1993年4月，中央提出了"防止经济过热"的警告，提出了一系列加强和改善宏观调控的措施，包括实行适度从紧的财政政策、整顿金融秩序、控制投资规模、增加有效供给、运用进口调剂国内市场、整顿流通环节和加强价格监管，政策调整的刹车效应非常明显。1993年中，全国工业增长速度回落，投资膨胀得到控制，新开工项目大幅度减少。此时，万科已迅速扩张，拥有55家附属公司和联营公司，遍布全国12个大城市，业务分为五个大类。万科面临资金短缺的压力。1993年3月，万科成功发行B股，筹资4.5亿港元，万科公司与以渣打（亚洲）有限公司、君安证券有限公司为主组成的承销团，签署了公开发售4500万股B股的承销协议，每股发售价为10.53港元，集资4.5亿港元，主要投资于房地产开发，房地产核心业务进一步突显，万科的融资渠道也由此走向了国际化。

1993年的宏观调控没有阻止万科北海万科城市花园、成都万兴苑、石家庄银都大厦、深圳海神广场和鞍山东源大厦项目的开工。1994年，天津城市花园、北京城市花园、武汉万科广场、沈阳城市花园和大连邮电大厦等项目陆续落地。发行B股成功募集到资金后，万科盲目扩大地产项目，由于投资过于分散，成都万兴苑，深圳海神广场、福景大厦，武汉万科广场，天津金刚桥高级公寓，鞍山东源大厦都因资金短缺而濒临烂尾。

3. 战略形成期：主营业务范围收缩与调整阶段（1994~2001）

由于资源分散，万科的经营规模在12亿~15亿元之间徘徊，利润上升乏力。1991年到1994年间，万科资源分散，形不成主导行业。

在1993年的上海务虚会议上，万科放弃综合商社的发展目标，确定了以城市居民住宅开发为主导业务，并提出加速资本积累，形成专业化和规模化经营的发展方针。

1994年，在房地产经营品种上，万科提出以城市中档居民为主，改变过去公寓、别墅、商场、写字楼等杂乱项目"广撒网"式的做法。1995年底，万科提出由全国的13个城市转为重点经营北京、天津、上海、深圳四个城市。

万科按照专业化发展战略对非核心业务进行调整,开创了万科著名的"减法理论",即对下属的非核心企业关、停、并、转。截至2001年底,将直接及间接持有的万佳百货股份有限公司72%的股份转让给中国华润总公司及其附属公司,全面完成了专业化调整战略,成功调整为单一业务的房地产集团。

4. 战略调整期:新战略引导下的快速扩张(2001~2003)

2001年,万科先后进入武汉、南京、长春、南昌等4个城市,提出了"专业集成"的业务流程,其业务流程得到了极大完善;2002年进入佛山、大连等城市,新增土地储备建筑面积276万平方米,同年针对工程质量问题,提出了"磐石行动",并明确了三级采购体系。在品牌上,2002年,万科提出了"建筑无限生活"的品牌概念;2003年,万科对客户进行调查,是在内地房地产公司中,对客户端关注较早的公司。在中国内地房地产公司中,万科是第一个将品牌作为一整套体系来宣传和推广的企业。此轮扩展,使万科营业额由2000年的37.84亿元跃升到2003年的63.8亿元。

5. 战略发展期:战略指导下有质量的扩张(2004年至今)

2004年后,万科产品开始从专业化过渡到精细化,从单纯追求开发量和结算面积的粗放式经营,转到注重品质和利润贡献率的集约化、精细化经营,进而推进产业化。

同时,万科对整个行业环境和每年的政策做了详尽分析,并提出"战略领跑未来"的发展策略。在该战略指导下,万科迎来巨大的变化。在客户战略上,万科继续实施细分策略:2005年,成立了客户品类部,将营销、设计等部门合并为研发部;同时,对产品进行了五类细分——身份型、首次置业型、望子成龙型、老年家庭型和价格敏感型；2006年，万科提出企业公民战略，提出客户需求个性化和品类开发战略，并成立了物业服务中心。在产品创新上：2005年，在深圳推出"原创现代中式住宅"；2006年，实施生产模式标准化和工厂化，向规模效应更显著的产品结构转化，推进了其产业化发展。

万科从以项目为核心的运营方式，转向以客户价值为中心的运营方式。在客户细分策略下，万科不再局限于以职业、收入、年龄等"物理"方式去把握客户，而是从客户内在价值出发，按客户的不同生命周期，创新性地建立梯度产品体系，通过为客户创造价值，实现客户的终身锁定。在变化的市场环境中，从粗放走向精细，进入市场中去把握客户价值，建立核心能力，这是万科引领市场的关键。

(二)万科企业发展战略

1. 混合式多元化战略

1984年万科从经营办公设备起家，1987年兴办工业，1988年进入房地产业，1990年初步形成商贸、文化、房地产、文化传播四大经营机构，到1991年确定综合商社发展模式，万科业务不断扩大。

1992年前后，万科通过增资扩股和境外上市筹集到数亿元资金，一方面将业务向全国多个地区、多个领域扩展，另一方面向国内30多家企业参股，多元化发展的速度和程度达到顶点。

在高速多元化扩张的背后，隐藏着很多问题。首先，所有项目规模都很小，市场占有率极低；其次，面对市场激烈竞争不惜血本，等到品牌打响，成本相应也增加，此时想追加投资扩大规模，企业的资金和人才储备无法满足,各分公司无法规模化;最后,万科的业务不稳定,企业短期赢利掩盖了缺乏持续发展动力的隐患。

2. 战略的初步形成:从多元化走向专业化

1988年到1993年,万科借助混沌式的多元化发展,净利润、净资产收益率连年保持20%以上,但实际上业务并不稳定,缺乏竞争力。1993年,国家实行严厉的宏观紧缩政策,万科"广撒网"式的发展战略遭遇考验。万科上海务虚会决定放弃综合商社模式,提出加速资本积累迅速形成经营规模的方针,确立城市居民住宅为主导业务。

3. 战略的执行:缩减主营业务,集中企业资源

1988年,万科确立了以房地产为主业的发展思路,由于经营思路没有完全摆脱跨地域和多元化的特点,房地产也有多元化的问题,酒店、写字楼、住宅、商场都有涉及。从1993年的务虚会议到2001年底出售万佳百货股份,万科坚定不移地推进专业化进程,加速做"减法":一是整体业务方面的收缩,退出与住宅无关的产业,从多元化经营向专营房地产集中;二是投资区域的集中,收缩住宅产业战线,从13个城市削减到深、沪、京、津四个城市,开始分期转让在全国的30多家企业股份;三是提出以城市中档住宅为主,减少房地产业产品的品种;四是资金的集中。

4. 战略引导下的快速发展:从专业化走向精细化,强化竞争力

万科在完成"专业化"调整后,开始又一轮扩张战略,由"专业化"向"精细化"转型,即在万科专注的住宅领域做到更专业、更优秀、更卓越。将产品从"专业化"过渡到"精细化",从单纯追求开发量和结算面积的粗放式经营,转到注重品质和利润贡献率的集约化、精细化经营,即要提高资本与人力资源回报率,提升客户忠诚度,加强产品与服务创新。

(三)万科的创新战略

为实现专业化、精细化目标,万科提出了创新式客户细分、城市圈聚焦策略、产品创新策略三大发展策略。

1. 创新式客户细分

自1990年万科第一个地产项目深圳"天景花园"起,万科始终把客户放在第一位。天景花园成立了中国首个业主委员会,开创了"业主自治与专业服务相结合"的物业管理新模式。在新战略发展引领下的万科完成了运营机制的重大变革,从以项目为核心的运营方式,转向以客户价值为中心的运营方式。

2. 城市圈聚焦策略

新世纪后,中国城市经济圈正在形成,这些城市圈构成了中国经济发展的增长极。长江三角洲、珠江三角洲、环渤海区域,这三大城市圈的国土面积只占全国的4.1%,但GDP却占到了40%,居民储蓄余额占全国25%,人均消费支出是全国平均值的两倍。

万科在确定专业化战略后,把业务聚焦在城市经济圈,特别是长江三角洲、珠江三角洲、环渤海区域三大城市圈,集中资源,在这些地区实现集约型扩张,成为市场领导者。

3. 产品创新策略

为消费者提供安全、环保、适于居住和交流的优质住宅,对中国房地产行业来说,必须走产业化道路。早在1999年,万科为提高万科地产开发水平,增加项目开发科技含量,着手成立了万科建筑研究中心。同年，在全国房地产行业内倡导成立"中国城市房地产开发商协作网络"（中城房网）组织，共同研究房地产城市发展战略，期望以群策群力的方式挖掘更多产品价值。

万科在细分客户价值的基础上，形成住宅产品体系，建立了万科住宅标准；通过工厂化生产，提高住宅的品质和性价比；以和谐、自然、生态的标准进行住宅研发，为住宅产业贡献更多的自主知识产权。

移动互联网时代对房地产行业产生了一定影响，万科主要关注内容发生了更具体的变化，主要有以下三个方面：

住宅地产方面，客户关注的不仅是房子本身，还有围绕居住的一系列生活服务，以及邻里间互动的社区氛围。2012年，万科首家"幸福驿站"在广州万科蓝山花园开业，涉及邮包、租售、代办、家政、便民服务等业务，标志着"平台"雏形的出现及"幸福社区计划"正式落地实施。同年，首家"第五食堂"在深圳万科城开张营业；"万物仓"业务在南京金色家园小区启动。

消费地产方面，电商全面颠覆传统零售渠道，购物中心走向没落，但面向体验和展示的新一代消费中心兴起。新生代追求更丰富的人生体验，度假需求迅速增长，并取代原来单一的观光旅游模式。

产业地产方面，创客文化兴起，中小、小微型企业创业成为中国经济增长的重要动力。原有物流地产难以适应现代物流的要求，须全面升级换代。

2014年，万科开始于前海企业公馆开启创客服务地产实验，模式类似SOHO3Q；万科在广州万科云城尝试的类型更为多元，力图打造一个产业生态圈，把互联网、高科技、机器人这些产业链接起来，并辅以相应的服务、生活、娱乐设施。广州万科云城最吸引人眼球的项目是机器人咖啡厅，作为孵化器配套交流空间，万科引进了微投网、长城会等创客服务平台。此外，咖啡馆定期组织机器人行业的交流活动，打造华南乃至中国最前沿的智能技术交流平台、项目路演活动平台，提供资金对接及技术交流。

打造创客空间，进军产业地产，是万科向互联网和白银时代转型的新尝试。

在新型的产业集聚方式下，万科与入驻企业不再是简单的开发、运营、承租分割的关系，而是共同打造一个动态的产业生态圈。

二、华为

1984年，深圳率先鼓励科技人员兴办民营科技企业，鼓励技术要素入股和参与分配，对非公有制经济实施奖励措施。政策措施的出台催生了深圳第一批"草根"创业潮，华为正是该产业背景下的产物。

（一）在前进中不断创新

截至2016年底，华为支持了全球170多个国家和地区的1500多张网络的稳定运行，服务全球1/3以上的人口。华为在全球部署了超过60张4.5G网络；其无线家庭宽带解决方案（WTTx）覆盖了全球3000万家庭；在超过100个国家累计部署190多张移动承载网络。华为已在全球获得了170多个云化商用合同；VoLTE和

VoWi-Fi解决方案累计服务于全球110张网络；数字业务云服务平台累计引入超过4000家合作伙伴，聚合超过60万数字内容和应用。华为联合500多家合作伙伴为全球130多个国家和地区的客户提供云计算解决方案，共部署了超过200万台虚拟机和420个云数据中心。华为智慧城市解决方案已应用于全球40多个国家的100多个城市，还主笔了9项智慧城市中国国家标准；华为平安城市解决方案已服务于80多个国家和地区的200多个城市，覆盖8亿多人口。在金融领域，华为全渠道银行解决方案服务于全球300多家金融机构，包括全球十大银行中的6家。在能源领域，华为全连接电网解决方案已应用于全球65个国家，服务170多个电力客户；在交通领域，华为已与业内60多个合作伙伴开展合作，提供数字城轨、智慧机场等解决方案，服务全球超过22万公里的铁路和高速公路、15家以上客流量超3000万的机场。全年智能手机发货量达到1.39亿台，同比增长29%，连续5年稳健增长；全球市场份额提升至11.9%，居全球前三。

1. 华为第一期：寻找市场薄弱点，降低创新难度（1987~1995）

华为于1987年在深圳创立，成为一家生产用户交换机（PBX）的香港公司的销售代理。当时中国电信设备市场被跨国公司瓜分，华为只能在夹缝中艰难求生。一开始代理香港模拟交换机，没有自己的产品、技术，华为把微薄的利润都放到了小型交换机的自主研发上，逐渐取得技术的领先，获得利润后再次投入升级换代和新技术研发。1990年，华为实现了自主研发面向酒店与小企业的PBX技术并成功实现商用。

刚起步的华为无论是资金还是竞争实力都无法与对手在大中

城市参与竞争。但华为创始人任正非看到,县城及农村更广阔的市场是国外厂商尚未涉足的领域。华为认为,以农村为突破口有两个明显好处:首先,小县城和农村发展通信设备行业门槛低,承受风险小;其次,农村对于产品的技术和质量要求不高,也不太关注品牌,更注重实用性。1992年,华为开始研发并推出农村数字交换解决方案。很快华为不仅培养起一支精炼的营销队伍,更重要的是培养起来了一个自己的研发团队。

由"农村"进入"城市",华为遭遇了强大的竞争,很多中心城市和发达省份的电信部门不信任华为的产品。任正非游说各地电信局,由华为与电信职工集资成立合资企业。1995年,公司销售额已达15亿元人民币。

2. 华为第二期:坚定不移地强化创新能力(1996~2005)

1996年,华为形成产品战略研究规划办公室、中研部和中试部三大系统。产品战略研究规划办公室目标是回答"做什么产品",避免做错产品;中研部目标是"做出产品",主要组织产品的研发,一旦认定产品潜力,就全力攻坚;中试部是华为研发体系的重要环节,使命是加快产品研发成果的成熟化,目标是"做好产品"。

同年,华为开始拓展国际市场,为避免与欧美跨国公司争夺欧美市场,华为把非洲和亚洲的第三世界国家作为企业国际化的起点,如非洲、中东、亚太、独联体、拉美等,执行国际版的"农村包围城市"。在这一时期,华为第一次与香港和记电信签订3600万美元合同,为其提供固定网络解决方案,华为产品成功进入香港。

1997年,华为推出无线GSM解决方案,并在1998年将市场拓展到中国主要城市,并获得成功。到2005年,华为GSM以"持续投入，不断创新"的精神，在全球50多个国家90多个运营商获得规模商用，服务8000万用户，累计部署超过30万载波，推出了专业集群系统GT800。2004年，保加利亚的BTC、巴西的CTBC及沙特电信STC选择GSM/EGDE供应商时，都选择了华为。非洲最大的跨国运营商MTN依托华为，在尼日利亚部署了超过9000个TRX的GSM网络。

由于交换机C&C08系列产品为华为带来巨大销售额，华为开始采取拉网式开发，凡是电信领域技术，都投入研究和开发。寻找新的利润增长点是这段时间内华为的首要任务。随着无线通信技术和互联网技术的快速发展，华为开始成立新的部门，在这两个领域寻找新的业务增长点。在研发投入上，华为每年将销售收入的10%投入到产品研发中。1999年，华为在印度班加罗尔设立研发中心，并分别于2001年和2003年获得CMM4级认证、CMM5级认证。2000年，在瑞典首都斯德哥尔摩设立研发中心。2001年，在美国设立四个研发中心。此后，华为分别与其他世界技术顶尖企业，如摩托罗拉、IBM、英特尔、SUN、高通和微软等成立联合实验室，截至2005年，华为共有10所联合实验室。至此，华为已形成了七条核心价值观中的第四条："小改进、大奖励，大改进、只鼓励"。激励所有员工将创新、改进落实到每个细节中。

2004年，华为获得荷兰运营商Telfort价值超过2500万美元的合同，首次实现在欧洲的重大突破。同年与西门子成立合资企业，针对中国市场开发TD-SCDMA移动通信技术，为其赢得中国电信国家骨干网优化合同提供了有力保障。根据合同，华为的高端路由器NE5000获得了TSR采购合同100%的市场份额，成功地进入了国家骨干网的两个超级节点。同时，华为的Gbit交换路由器NE80赢得了该项目75%的市场份额。

2005年4月28日，英国电信宣布其21世纪网络供应商名单，华为作为唯一的中国厂商，与国际跨国公司入围"八家企业短名单"。一家成立20多年的中国民营高科技企业，走向国际市场仅10年，能在竞争激烈的世界通信市场立足。华为的自主创新、自主品牌道路，获得了巨大成功。

3. 华为第三期：做未来世界的领导者（2006年至今）

2006年，华为获得了28个WCDMA/HSPA商用合同，新增市场份额排名第一；2003年以来，华为GSM产品销售年度复合增长率达到74.1%，2006年占全球GSM新增市场份额的21%；CDMA产品2006年销售收入同比增长30%，EV-DO在2006年新增商用合同数16个，居业界第一；移动软交换居业界第一。同年，华为被沃达丰选作部署西班牙WCDMA/HSDPA商用网络合作方，并签订了3G手机战略合作协议。华为还为EMOBILE部署了日本第一个基于IP的HSDPA网络。阿联酋电信（Etisalat）巴基斯坦子公司Ufone授予华为全国性的GSM合同，合同金额超过5.5亿美元。

2006年，华为聚焦于核心业务，更加注重创新。当年，华为宣布更换企业标识，对客户郑重承诺：华为将聚焦客户，围绕客户需求进行持续创新，帮助客户实现长期价值和潜在增长。2006年，华为与摩托罗拉合作，在上海建立了WCDMA研发中心，旨在为全球客户提供功能更强大、更全面的WCDMA产品解决方案和高速分组接入方案（HSPA）。

2007年，信息技术的革命使电信网络、互联网、数字媒体和消费电子等产业之间的界限变得日益模糊，逐渐渗透与融合。运营商们重新审视业务模式，积极寻求网络转型，重新支撑起产业链的价值核心。

此时的华为已成长为全IP与融合时代的领导者，众多世界领先的运营商，包括沃达丰、中国移动、英国电信、西班牙电信、法国电信/Orange、荷兰皇家电信和德国电信等，都选择了华为作为其面向未来网络转型发展的合作伙伴。2007年，华为被沃达丰授予"2007全球杰出表现大奖"，是唯一获得此殊荣的网络设备供应商。

2008年，华为被《商业周刊》评为全球十大最有影响力的公司。全年共递交1737件PCT专利申请。据世界知识产权组织统计，华为在2008年专利申请公司（人）排名榜上居于第一位；LTE专利数占全球10%以上。2009年，在复杂的经济形势下，华为依然实现了稳健增长，销售收入达到了1491亿元人民币（218亿美元），同比增长19%。高速增长下的华为继续积极推动行业技术发展，华为在全球123个行业标准组织中担任148个领导职位，包括OMA，IEEE，ATIS和WiMAX论坛等行业标准组织的董事会成员，累计提交提案超过18000件。截至2009年底，华为累计申请专利达42543件；2009年国际专利申请量居全球第二，在核心领域（如LTE/EPC等）方面的基本专利数持续全球领先。2010年，华为获得英国《经济学人》杂志2010年度公司创新大奖。2012年，华为在3GPP LTE核心标准中贡献了全球通过提案总数的20%；发布业界首个400G DWDM光传送系统，在IP领域发布业界容量最大的480G线路板；和全球33个国家的客户开展云计算合作，建设了7万人规模的全球最大桌面云；推出Ascend P1、Ascend D1四核、荣耀等中高端旗舰产品,并在发达国家热销。2013年,作为欧盟5G项目主要推动者、英国5G创新中心(5GIC)的发起者,发布5G白皮书,积极构建5G全球生态圈,并与全球20多所大学开展紧密的联合研究;华为对构建无线未来技术发展、行业标准和产业链积极贡献力量。2014年,华为在全球9个国家建立5G创新研究中心。2015年,根据世界知识产权组织公布数据,2015年企业专利申请量排名方面,华为以3898件连续第二年位居榜首;同年,光传送领域,华为与欧洲运营商共同建设了全球首张1T OTN网络,与英国电信合作完成业界最高速率3Tbps光传输现网测试。

(二)华为的创新研发体系

华为官方数据显示,2015年,华为研发投入596亿元人民币,占2015年销售收入的15.1%。近十年来,华为在研发方面投入了超过2400亿元人民币。2016年研发投入更高达110亿美元。华为整体研发体系有三层架构,分别是"2012实验室"、海外研究所、联合创新实验室和创新中心。

1."2012实验室"

"2012实验室"是华为的总研究组织,专注于基础研究,面向未来,做长期布局,主要研究方向包括新一代通信、云计算、音频视频分析、数据挖掘、机器学习等,面向未来5~10年的技术发展方向。"2012实验室"的二级部门包括中央硬件工程学院、研发能力中心、中央软件院等,其中有代表性的核心机构包括:

华为"诺亚方舟实验室"。该实验室主要围绕人工智能展开研究,设立于香港科学园,实验室主任由香港当地大学教授出任,并聘用了全球各地区科研人员从事基础研究工作。实验室由五大部门组成：自然语言处理和信息检索部门，专注于以无缝方式和自然语言让机器与人沟通，并从文本和社交数据中挖掘有价值的信息；大规模数据挖掘和机器学习部门，专注于开发高扩展性和有效性数据挖掘，以及机器学习算法，也包括对大数据挖掘系统的开发；社交媒体和移动智能部门，重点发展最先进的算法和利用社交媒体、社交网络和移动数据，进行自我学习的系统研发；人机交互系统部门，该部门的主要职责是开发更顺畅的人机交互系统，使人机沟通变得更为自然和轻松，同时，该部门也负责开发大规模智能系统；机器学习理论部门，专注于通过建模和数学理论来研究人机学习和自适应能力。

科学家人名实验室。目前"2012实验室"旗下有很多以世界知名科学家或数学家命名的神秘实验室，包括香农实验室、高斯实验室、谢尔德实验室、欧拉实验室、图灵实验室等。香农实验室在基于大数据的高通量计算HTC研究领域投入较早，已在大数据处理硬件和软件系统架构、操作系统、新型编程方式和商务应用基准程序等方面形成了深厚的技术积累，为华为ICT产业智能化发展储备认知相关关键技术、算法，并为相关产品提供智能服务和智能特性，在信息存储、分布式计算、软件定义等方向紧跟业界前沿研究。高斯实验室打造了业界领先的数据库管理系统。谢尔德实验室是以网络安全、终端安全、云虚拟化安全、密码算法为主要研究方向的实验室。欧拉实验室有自主操作系统研发中心。图灵实验室是嵌入式处理器内核架构研究的部门。

2. 海外研究所

分布于全球的多个研究所为华为提供在商业应用、客户需求响应上的研发支持。华为在欧洲、印度、美国、加拿大、日本等地设立数个海外研究所。其中，欧洲研究所在华为全球研究所中有着极其重要的地位，是华为两大数学中心之一，拥有5G研究的重量级团队。

华为在欧洲有着两大架构式的颠覆性产品创新：分布式基站和SingleRAN。SingleRAN的设计原理是在一个机柜内，实现2G、3G、4G三种无线通信制式的融合功能，理论上可为客户节约一半的建设成本。华为的竞争对手们曾试图模仿，但至今未有实质性突破，该技术突破依靠通信制式融合背后极为复杂的数学运算。俄罗斯和法国研究所的核心研究方向是数学，两国的数学实力分别在全球排名第一和第二。

俄罗斯研究所，独立于欧洲研究所，曾在3G和2G算法层面有着巨大突破。俄罗斯研究所包括7个"能力中心"，以此集结当地的基本算法领域人才。7个能力中心分别是：非线性能力中心、算法工程化能力中心、最优化能力中心、信道编译码能力中心、信源编解码能力中心、大数据分析能力中心、并行编程能力中心。

法国研究所，2016年6月宣布成立，旨在挖掘法国基础数学资源，致力于通信物理层、网络层、分布式并行计算、数据压缩存储等基础算法研究，长期聚焦5G等战略项目和短期产品，完成分布式算法全局架构设计等。华为还在巴黎建立了数学、美学、家庭终端和无线标准4个研发中心。

加拿大研究所，成立于2008年底，是5G核心竞争力研究中心，分布于渥太华、多伦多、蒙特利尔和滑铁卢四个城市，拥有400多名研究人员。日本研究所主要从事材料研究工作。印度研究所则专注于软件交付。

3. 联合创新实验室和创新中心

华为创新研发体系的最外层是全球联合创新实验室和创新中心，面向三类合作伙伴展开研发合作：第一类是世界顶级院校、实验室；第二类是运营商、企业、政府等客户；第三类是友商，甚至是竞争对手。开放式的研发理念，让华为走在时代前沿，吸收全球的智力财富。

2016年7月，浙江大学—华为电磁技术创新联合实验室正式签约。该联合实验室的建立是基于先进电磁技术HIRP FLAGSHIP合作协议而推进的进一步具体合作。华为拟在未来5年内投入约800万元经费支持联合实验室建设。双方期待结合已有的扎实的长期合作基础，通过联合实验室的建设，努力将科学研究、人才培养等方面的合作共赢推向新高度，并重点在新型电磁材料、封装和IC级的电磁兼容设计，以及高速集成电路电磁干扰预测等技术领域开展联合创新共建。

在深圳，华为与国家体育总局体育科学研究所共同建立运动健康联合实验室，该联合实验室采用全球最先进的专业设备，由双方数名知名专家主持运营。实验室支持开展多种运动形式的人体科学研究，并可以模拟全球各地的室内外温度、湿度、光照等复杂环境，除了满足人体生理学相关研究外，还可以支持各类运动可穿戴设备性能评测。在苏州，华为与国家信息中心同建智慧城市联合创新实验室。国家信息中心一直参与国家相关政策研究、制定与推进落实，在智慧城市发展的政策研究、战略规划、顶层设计、实施方案、智慧产业方面具备充分的实力；华为则拥有先进、完整的软硬件平台和成熟的解决方案。

2000年，美国SUN宣布建立华为—SUN联合实验室。实验室主要依托SUN公司在系统解决方案和网络软硬件平台方面的优势，和华为公司在通信产品设计方面的领先开发能力，针对通信网络应用中出现的需求和问题，进行专题项目研究。2002年，"华为—微软软件技术实验室"成立签字仪式在深圳举行。华为作为一家电信设备制造商及网络解决方案供应商，与微软的产品及技术有很强的互补关系，微软提供解决方案及软件，与华为共同建设一个软件技术联合实验室。实验室里建立了一套与微软技术相关的开发与测试系统，为华为公司的产品开发与测试提供一个完整、稳定的软硬件环境。同时，以实验室为基地，双方还将在技术培训与项目开发上展开合作。2016年9月，华为与徕卡宣布了更进一步的战略合作计划。双方设立麦克斯·别雷克创新实验室，在新光学系统、计算成像、虚拟现实（VR）和增强现实（AR）领域开展联合研发。在手机成像上，创新实验室的建立使驱动光学系统和图像处理技术进一步发展，从而广泛地为摄影及移动设备应用提升影像质量，为华为终端迭代产品提供更先进、前沿的影像技术。

目前，华为已经在全球拥有36个联合创新中心和16个研发中心。

华为坚持以持续创新作为企业的发展驱动力。截至2016年底，华为拥有超过17万名员工，产品和解决方案已经应用于全球170多个国家，服务全球运营商50强中的45家，惠及全球1/3的人口。2016

年8月，全国工商联发布"2016中国民营企业500强"榜单，华为以3950.09亿元的年营业收入位列500强榜首。

第三节　加入世贸之后的创客发展

2001年12月11日，中国正式成为世界贸易组织的一员。加入世界贸易组织，推进全方位对外开放，是我国坚持改革开放的必然选择。改革开放的关键抉择使社会主义中国和中国人民的面貌焕然一新，中华民族伟大复兴展现出无比光明的前景。巩固和扩大改革开放成果，必然要求我国更加广泛深入地融入世界经济发展大潮，不断扩展经济发展的国际空间，与世界各国在合作竞争中共同发展。

加入世界贸易组织，推进全方位对外开放，是我国完善社会主义市场经济体制的必要途径。世贸组织的基本原则和规则体现了市场经济的一般规律。加入世贸组织，加速了我国经济领域各项改革进程，使各类企业获得了更加平等的竞争机会、更加稳定和可预见的经营环境、更加统一公开公平的市场体系，促进了我国社会主义市场经济体制的自我完善，更为创客的发展提供了更广阔的沃土。与此同时，国有企业改革、改组和改造不断加强，财政体制改革、金融体制改革日益深入，行政管理体制改革迅速推进。公开、透明、非歧视、公平竞争、法制精神等世贸组织倡导的原则理念日益深入人心。

加入世界贸易组织，全方位对外开放，是我国与世界发展共赢的必由之路。加入世贸组织，全面履行入世承诺，我国不仅大幅度降低了关税税率，取消非关税措施，开放了100个服务贸易部门，而且全面放开对外贸易经营权，大幅度降低外资准入门槛。我国与世界各国各地的经贸联系全面加强，发展互利共赢的舞台更为广阔。在此背景下，腾讯和大族激光在深圳这片充满机遇的土地上蓬勃地发展起来。

一、腾讯公司

腾讯公司于1998年11月创立于深圳，全名深圳市腾讯计算机系统有限公司。腾讯成立后，一直处于稳定、高速发展的状态。2004年6月16日，腾讯公司在香港上市。腾讯的发展深刻地影响和改变着数以亿计网民的沟通方式和生活习惯，它为用户提供了一个巨大的便捷交流平台，在人们生活中实践着各种生活功能、社会服务功能及商务应用功能；并以前所未有的速度改变着人们的生活方式，创造着更广阔的互联网应用前景。腾讯以"为用户提供一站式在线生活服务"作为战略目标，并基于此完成了业务布局，形成中国规模最大的网络社区。在满足用户信息传递与知识获取的需求方面，腾讯拥有门户网站腾讯网、QQ即时通信工具、QQ邮箱以及SOSO搜索；在满足用户群体交流和资源共享方面，腾讯推出的QQ空间已成为中国最大的个人空间，并与访问量极大的论坛、聊天室、QQ群相互协同；在满足用户个性展示和娱乐需求方面，腾讯拥有非常成功的虚拟形象产品QQShow、QQ宠物、QQ游戏和QQ音乐等产品，同时还为手机用户提供了多种无线增值业务；微信是腾讯公司于

2011年1月21日推出的一个为智能终端提供即时通信服务的免费应用程序,提供公众平台、朋友圈、消息推送等功能,围绕微信已经形成支付、小程序等服务生态。

(一)腾讯的发展历程

腾讯是互联网在中国快速发展的缩影。腾讯数亿的注册用户数,将近80%的市场占有率,证明了腾讯公司在中国互联网即时通信产业的霸主地位。作为一个抓住中国加入世贸契机快速发展的公司,腾讯是怎样创造这个契机的呢?

1. 腾讯的起步

现任腾讯控股董事局主席兼首席执行官马化腾1993年自深大毕业后,进入深圳润迅公司,开始做软件工程师。1997年,马化腾第一次接触ICQ并对此产生浓厚兴趣。1998年11月,马化腾与张志东合作,在深圳注册了深圳市腾讯计算机系统有限公司,决定开发一个中文ICQ软件,从此踏上了创业征途。最初,马化腾和张志东只是想将寻呼与网络联系起来,开发无线网络寻呼系统,公司的主要业务是为深圳电信、深圳联通和一些寻呼台做项目,QQ只是公司一个无暇顾及的副产品。当时他们做网页、做系统集成、做程序设计。当时在深圳,像腾讯这样的公司有上百家,对于腾讯来说,只要公司能生存下来就是胜利。

2. 腾讯的危机

1999年初,腾讯开发出第一个"中国风味"的ICQ,即腾讯QQ,受到用户欢迎。1999年,网吧在国内如雨后春笋般出现以后,OICQ独特的离线消息和服务器端信息保存功能,在实用性上要比只有本地保存功能的ICQ更受用户欢迎。QQ当时并没有直接为马化腾带来任何经济效益，甚至想靠OICQ顺手牵羊捞点"外快"都不可能，IT精英们也都并不看好OICQ，认为其并无任何利益可图。当时马化腾对QQ的市场潜力也没有足够的认识，而是抱着试试看的心态把QQ放到互联网上供用户免费使用。就连马化腾也没有想到，这个不被看好的QQ在不到一年的时间里就发展了500万用户。大量的下载和暴增的用户在使马化腾兴奋的同时，也让腾讯难以支撑，因为人数增加就要不断扩充服务器，在那时一两千元的服务器托管费也让小作坊式的腾讯公司感到巨大的财务压力。当时既没有资金更新设备，工作人员的酬劳也让腾讯公司深感压力重大。马化腾四处寻求融资。

3. 腾讯的起飞

从1999年下半年开始，网络公司成了风险投资者的宠儿，国内著名的网络公司新浪、搜狐、网易等纷纷得到了美国风险投资基金的投资。马化腾在准备了6个版本、20多页的商业计划书之后，开始了漫长的融资之旅。功夫不负有心人，IDG和盈科数码以各占腾讯20%股份的出价向腾讯投资220万美元。从此，腾讯正式开始了大踏步的前进。

2000年8月，腾讯同广东移动合作，从而使腾讯扭亏为盈，实现了1000万元的纯利润。此后，腾讯相继推出广告业务、移动QQ业务及付费QQ会员制。2001年底，腾讯实现了1022万元的纯利润；2002年，腾讯的净利润是1.44亿元，比上一年增长了10倍多；2003年，腾讯的净利润为3.38亿元，比2002年又翻了一倍多。

4. 腾讯的扩张

2004年,腾讯在香港联交所主板上市。腾讯控股公布2004年业绩财报,腾讯实现营业额11.44亿元,同比上升55.99%;实现净利润4.46亿元,同比大幅增长38.6%。在腾讯公司的营业收入中,互联网增值服务收入所占比例越来越大,营销活动越来越灵活,商业模式越发成熟与稳健。与此同时,腾讯QQ的注册用户数也大幅度地逐年递增。2011年,跟随移动互联网时代的脚步,腾讯顺势推出微信这一新产品,站稳了移动互联网即时通信市场霸主的位置。2017年,腾讯已成为年营业收入超过2400亿元、净利润超过900亿元的超大型高科技企业。

(二)腾讯公司的成功之道

正如老玖九在简书中总结的,腾讯的成功主要来自四个方面。

1. 永远保持警醒,永远不放弃任何一个机会点

移动互联网市场用户需求转移之快让人瞠目结舌。马化腾吸收第一代中国互联网人搜狐等的经验,"以用户体验和服务为本",全线构建在线服务生态,不管自己目前技术和人力配备如何,"信息、生活、购物、支付、游戏、娱乐"等任何一个业务机会点都不放弃,避免一个疏忽被甩下跑道。这其中在跑道上总能先一步避开危机且时不时有小惊喜和小创新的还有网易的丁磊。这就是对市场和产品敏锐的天才基因。"紧盯新市场,快速跟进优化,利用自己的流量优势实现整体代替。"

2. "以用户体验和极致产品为中心"，抓住入口端，有效有力地布局

PC时代利用QQ这个客户端，移动时代利用微信这个入口，有流量级平台做底层面，腾讯如一个太极高手，基本通杀各个业务领域。而在这个过程中，腾讯也不是每个产品都有如神助，它也有失败的时候。但腾讯本着"体验—场景化"的产品开发和推广模式，始终专注"用户情感体验"，如"养宠物与女性母爱"这一情感诉求点，为养宠物的小游戏在迅速占领客户上赢得空前成功。它的基本逻辑是"用户体验上力争做到极致—从庞大的用户基数中抓取消费群—在形成一定数量的基础用户后推出进阶式有偿商业服务—持续迭代延长产品生命周期—找到新的诉求点"，这样立足庞大用户基数，形成一个个产品运营周期。由于其用户形成情感化的忠诚，因此，只要用户情感把握准确了，产品对了，便攻无不克。

3. 稳健和内省的管理，产品和用人上均是"试错、纠正与重来"

不少质疑者认为：从帝国的兴衰看到，开疆辟土相对容易，但是如果统治能力半径达不到疆域的半径时，帝国是很难维持的。马化腾则认为：相对内部管理的稳定和流程的畅通，其更担心腾讯失去对用户和产品的热情。的确，在腾讯的四个发展阶段，腾讯以产品和市场为导向，在内部由部门迅速裂变为事业部，然后随着业务增多，不断从中裂变出一个又一个事业部，解决了管理半径问题。这就是互联网企业区别于传统行业的地方，互联网用户始终是个人用户，相对来说没有长长的生产链，一个产品从确立需求到开发到投入到迭代，一个产品事业部就可以搞定。企业所要考虑的更多是自己的产品立足点是做产业链的上游还是下游。因此，在腾

讯结束自己依托中国移动梦网的业务后,随着业务的迁移,业务间此消彼长,曾为腾讯在第一阶段开拓市场中立下汗马功劳的曾李青离开了公司。对于一家互联网公司而言,无外乎是业务技术和市场拓展两大主力,技术中需要的是不断革新的新技术,技术升级或者迭代,对于常年钻研、沉浸其中的技术人员而言,相对是比较单一的,无非是知识和技术的学习。而对于开发市场的团队来说,把握市场方向,把握用户需求,从行业客户到个人客户转移,里面包含的不确定因素太多太多,想要顺利转型并不容易。

4. 利用好资本优势,连接一切

在"3Q大战"后,腾讯开始思考开放性的问题,而此刻腾讯正好引进了一个人才刘炽平,投行出身,取代曾李青,开始任腾讯的战略执行官。利用资本展示开放的姿态,成为腾讯这阶段最好的应变,于是腾讯由原来取代和购买的打法,开始了利用其资本注资与非同一体量的竞争敌手共赢。利用资本优势,腾讯布局"腾讯云",专门成立了业务考察团,向医疗、航天等领域寻找机会,试图打造一个连接一切的生态世界。

二、大族激光

在腾讯抓住中国加入世贸的契机获得巨大成功的同时,大族激光也同样抓住了这个机遇,取得了傲人的成就。

2004年6月25日,深交所中小企业板开板,首批"新八股"集体"亮相",其中唯一的来自深圳本土的企业——深圳市大族激光科技股份有限公司(简称"大族激光")引人瞩目。这家公司创立于1996年，创始人高云峰靠客户的40万元预付款，带领二十几个人在200平方米的厂房里生产了6台激光雕刻机，开始了艰辛的创业之路。成立后的10余年间，在董事长兼总经理高云峰的带领下，大族激光历经风雨，经受住了市场的考验，实现了"把中国最大的民族——汉族创业精神发扬光大，成为激光技术应用的领军企业"的远大抱负和理想。今天，大族激光已成为我国集激光加工设备的研发、生产和销售为一体，亚洲最大、世界知名的激光加工设备生产厂商，竖起了国内同行业第一品牌的大旗。2006年，大族激光实现净利润8875万元，其产品广泛应用于电子、服装、皮具、珠宝首饰、工艺礼品和精密器械等多个行业。公司由此获得国家规划布局内重点软件企业、国家火炬计划重点高新技术企业、广东省装备制造业重点企业、深圳市高新技术企业、知识产权示范企业等称号。

（一）大族激光的发展历程

大族激光作为一家典型的创新型企业，依靠激光技术三个应用领域——激光打标技术、激光切割技术和激光焊接技术的自主知识产权的商业化运作，经过创业阶段的积累，通过技术和资本运营得以快速发展。

1996年，大族激光初涉激光加工设备时，高功率的激光设备的应用厂家屈指可数。高云峰在投资创业的调查中发现，单是意大利一个国家，仅高功率的激光切割机就有4万台，而广袤的中国大地仅散落着可怜的数百台。激光设备加工应用领域非常广泛，可当时国内这种设备还未大面积推广使用，很多企业只能靠手工和传统机床、车床、钻孔机等普通机械，从事外壳及零部件一类的简单加工。而大量必须精加工的半成品，只能送到国外"镀金"或直接进口。高云峰凭借其敏锐的市场嗅觉，发现了激光加工设备巨大的需求缺口。

单靠潜在的需求拉动而缺少技术创新推动，有如单腿行走难以远行。只有靠技术与需求的双向作用，才能齐步快走。高云峰凭借早年在科研院所的工作经历培养的对高技术的敏感度，深知我国激光领域的研发实力只是科研院所的阳春白雪，常被束之高阁而无用武之地，由于缺少产业化机制，其基础研究成果难以与市场对接。高云峰便当起了技术与市场的"红娘"——穿针引线，让二者迅速"联姻"，将激光技术成功商业化，从而创造了一个巨大的市场。

大族激光经历了以下三个发展阶段：

1. 第一阶段：作坊式经营阶段

公司的主营业务是生产激光器头、工作台、激光加工设备支架和激光加工设备控制箱，公司凭借激光技术基本发明的商业化运用获得先机，主要开发利用了激光技术的三个方面：激光打标技术、激光切割技术和激光焊接技术。

公司成立不久，恰逢深圳市"九五"期间加强科技创新体系建设的良机，丰富的创业资源和优良的创业环境，为大族激光的发展提供了契机。但是，公司仍停留在作坊式的生产阶段，仅靠朦胧的市场概念和尚未产业化的基础发明进入市场，产品销售比较被动，产权单一，所有的营运资金均来自高云峰的个人资产。公司主要依靠客户的预付款周转运作，"资金饥渴症"严重制约公司的发展。

2. 第二阶段：产权变革阶段

1998年，公司的技术逐渐成熟，开拓市场需要大笔资金，由于大族激光的行业特点，不被风险投资机构看好。在吃了很多风险投资机构的"闭门羹"之后，高云峰找到深圳市高新技术投资担保有限公司（以下简称"高新投"），希望得到担保贷款。高新投通过与大族激光接触，决定向其注入资金，但提出两个条件：一是以净资产为依据作价；二是必须由高新投控股。对高新投提出的第二个条件，高云峰犹豫良久，最后还是不情愿地接受了所有条件，但是，他附加了一条：如果企业在一年半内净资产从860万元增加到2000万元，大族激光创始人有权以净资产的价格回购控股权。双方达成协议后，于1999年4月注册成立了大族激光科技公司，很快，432.6万元现金流入大族激光，为企业发展壮大及时输入了新"血液"。

一年半过去了，2000年9月，大族激光的净资产达3400万元，高云峰最终以2400万元回购控股权。2001年下半年，大族激光根据公司发展战略，适时进行第二轮融资，红塔集团、招商局集团、华菱管线、东盛创业等大型国有企业先后投资大族激光，使公司有较充裕的资金在更高的平台上开展经营活动，它们将业务范围还是锁定在激光设备这一主业上。经过此次产权变革，大族激光由单一产权过渡到多种产权形式并存的产权网结构。

公司发展壮大后，高云峰坚持不用亲戚、朋友、同学、老乡的用人原则，无论他们多优秀，一律不得在公司任职。同时，公司实行内部创业、员工持股制度，让新独立出的事业体的负责人持有一定的股权。这样既激励了员工的创业积极性，同时又降低了员工的创业风险。

与此同时，公司制定了三个市场营销策略：让客户先赚到钱、让质量说话、保证设备24小时运转的售后服务。

（1）让客户先赚到钱

"让客户先赚到钱"的方法就是每发展一个新客户，都先送设备给客户免费打样，等"用户的用户"向用户下订单时，客户再决定是否购买激光设备。由于激光设备能使各类工业制品大幅度提高附加值、技术含量、产品质量和工艺水平，因此用户、"用户的用户"从中大受裨益，所以，大族激光这种营销策略取得立竿见影、屡建战功的效果。

（2）让质量说话

大族激光凭借毫不逊色于国外竞争对手的技术及性能、极具诱惑力的价格，成功地成为摩托罗拉配套厂商的关键设备供货商。同时，大族激光在西门子、三星、欧姆龙、索尼、飞利浦、诺基亚、爱普生、三洋、松下等跨国公司的大舞台上屡见不鲜，大订单接踵而至。

（3）保证设备24小时运转的售后服务

20年前的中国工业市场，诸多企业的经营者和工程技术人员还都是"激光盲"，高云峰和他的团队意识到，我们不但是在销售激光设备，而且是在进行激光的科普推广，为确保设备的稳定性和连续运作，良好的售后服务是必需的。在企业最初开拓市场时，公司就把售后服务作为一个重要的环节来抓，做到每销售一台设备配备一名工程师，他就蹲在被服务的企业为它们进行培训和设备的维护。在以先进的核心技术为后盾的前提下，公司24小时运转的售后服务体系受到用户的一致好评，虽然这种投入加大了公司的成本，但带来的却是大族激光产品附加价值的大幅度提升。

3. 第三阶段：自主研发阶段

激光设备从实验室进入制造车间，最大的问题是环境变了，粉尘、温度、湿度、震动等因素对设备的"杀伤力"较大，设备维护至关重要。因此，工程师们必须进行夜以继日的检测和维护，从中他们学到了技术、积累了经验、得到了锻炼，也满足了客户的需求。大族激光每设计制造一台设备，都吸收客户和工程师反馈的改进意见，不断进行工艺改进，完善产品功能。从中，大族激光不但掌握了主要技术和工艺，更重要的是完成了从"维修工"到"研发者"的转变，由单一基础技术应用到以市场为导向的技术创新转变。

在自主研发的过程中，大族激光也曾试图引进外部的先进技术。2000年以后，企业从全球芯片产业的发展大潮中，关注到半导体晶片激光切割机的市场商机，研发这种设备需要攻克紫外激光器技术。利用国内大学实验室的相关研究成果，大族激光研制了一台样机，但测试数据不理想，离商业化的"高稳定性、高抗干扰性"要求还很远。为了攻克技术难关，情急之下，公司决定直接从意大利购买解决这个难题的专利技术。外汇花出去了，"洋专利"也引进来了，却因"技术不对板"而未能解决实际问题。这次教训使高云峰意识到，要超越国外巨头构筑的技术壁垒，仅仅靠买技术是行不通的，企业要发展，关键还得靠自己。大族激光还是回到自主研发的道路上来，现成的技术买不来，但人才可以"买"来。在"猎头公司"的穿针引线下，大族激光从美国硅谷引进了一位华人技术专家。功夫不负有心人，在以这位专家带领的研发团队的艰苦攻关下，不久问题便迎刃而解。大族激光不仅解决了关键技术瓶颈，还拥有自己的自主知识产权，并"挣"来两项美国专利。随后，他们乘胜追击，一鼓作气，与下游的芯片厂商、芯片封装切割厂商密切合作，生产出国内首台商用紫外激光器芯片切割机，并顺利投入芯片厂的工业化生产。

截至2018年，大族激光拥有上千人的研发团队，800多项国内外专利和106项计算机软件著作权，其中多项核心技术处于国际领先水平。公司与全国多所著名大学建立了战略合作关系，联合成立相关实验室及人才培养基地等项目。生产方面依据ISO9001质量控制体系和ISO14001环境管理体系，对产品在来料、加工、整机、出货各环节严格把控，确保产品性能和质量，且多个系列产品获得过欧盟CE认证。公司产品涉及IT制造、新能源动力电池制造、电子电路、仪器仪表、计算机制造、手机通信、家电厨卫、汽车配件、精密器械、建筑建材、五金工具、服装服饰、城市灯光、珠宝首饰、工艺礼品、食品及医药包装等多个行业。

（二）大族激光的成功之道

1. 市场是大族激光发展的灯塔

大族激光创立之初，被人戏称为"三无"企业：无资金、无市场、无人才。摆在公司董事长高云峰面前的难题是：怎样才能在一张白纸上，画出激光产业的绚丽蓝图；高技术企业发展的起点何在；发展路径是"先研究技术，后找市场"，还是"先找市场，后研究技术"。大族激光选择了后者。大族激光是靠客户的第一笔预付款起家的"市场型"企业，依靠市场求得生存和发展。市场是企业的空气、水和食粮，企业发展的速度、规模和水平取决于企业发掘市场的速度、规模和水平。大族激光深知，"市场，唯有市场制约着一切"，因而，崇拜市场，靠市场牵引，实现了跨越式发展。大族激光的企业文化中存在着这样的理念：必须让客户先赚到钱，自己才能赚到钱。这种客户利益至上、优先，企业与客户共赢的经营理念是客户经济时代必须遵循的原则，是大族激光的立足之本。市场是大族激光的生命线，营销是大族激光的灵魂，因此，千方百计为客户创造价值，让客户满意是大族激光的行为准则，任何损害客户利益的行为都要受到追究和惩罚。

2. 技术是大族激光发展的脊梁

大族激光是"市场型"企业，但市场千变万化，因为消费者的欲望没有穷尽，追求新、特、省、美的浪潮一浪高过一浪，因此，大族激光必须紧跟时代的步伐，引领时代潮流，成为"创新型"企业。创新的基本要素之一是技术。当大族激光从市场上掘到第一桶金，尤其是上市之后，就大力开展技术研发，从国内外招聘高层次研发人才，研发人员从几个人发展到今天的1000多人，聘请中科院院士、上海光机所王之江为副董事长和总工程师，建立了多个研究所，在发明专利、软件著作权上取得了突飞猛进的成就。大族激光是世界上拥有"紫外激光专利"（已申请美国专利）的少数公司之一，成为国内从激光器到整机生产的先驱，是国家激光标准的制定者。目前，除新研制的高性能激光设备须购买国外关键零配件外，其他都自己生产制造。大族激光制定了研发人员收入与市场效益挂钩的政策，大大提高了研发的针对性和实用性，增强了大族激光的市场竞争能力。大族激光在西门子、三星、欧姆龙、索尼、飞利浦、诺基亚、爱普生、三洋、松下等跨国公司的大舞台上也大展身手,大订单接连不断。如今许多国际名牌家电、手机、IT、汽车等产品,都使用了大族激光设备。凭借扎实的技术,大族激光已成为一面旗帜,标志中国装备业已开始进军世界。

第四节　新时期的创客发展

一、大疆科技

(一)大疆科技简介

深圳市大疆创新科技有限公司(以下简称"大疆科技")是创客汪滔等人于2006年创立的,总部位于深圳。汪滔和两位合伙人在创办大疆科技时,都是香港科技大学的在校研究生,研发生产直升机飞行控制系统。大疆科技在创立后的第10年,市场占有率超过70%,在全球拥有来自100多个国家的用户,被誉为"中国的苹果公司"。在美国权威商业杂志《快公司》评选出的2015年十大消费类电子产品创新型公司中,大疆科技位列第三,仅次于谷歌、特斯拉,是唯一的中国本土企业。大疆科技改变了世界人民之前对中国产品低价、质量一般的印象,取而代之的是高科技、高质量、高品质。大疆科技是如何在创立后的10年内成为行业标杆,在无人机领域鹤立鸡群、夺得头筹的呢?又是采取什么战略和竞争对手竞争,快速成长起来的呢?

（二）走向世界的中国大疆品牌

大疆对于产品非常专注。大疆以用户的体验反馈为原始资料，不断完善其产品功能，实现产品的更迭和换代。2012年发布的第一代"精灵"，支持悬挂微型相机来实现航拍，在失控情况下具有自主返航的功能；2013年发布的第二代"精灵"，实现了一体化，配备了高性能的相机，能够拍摄高清图片和视频且实时回传，内部嵌有GPS自动导航系统，能够准确锁定位置和高度，实现稳定悬停；2015年推出第三代"精灵"，超强传输系统实现了2公里内的高清数字图像传输，拥有内置的视觉和超声波传感器，即使无人机在无GPS环境下也能完成精确的定位悬停和平稳的飞行……一个公司能够专注于一个产品，且不论产品最后结果如何，仅这种认真务实的态度就足够获得用户的信任，更何况这个产品还非常优秀，能给客户极佳的体验。

大疆的创新文化源于大疆的员工，源于大疆的团队，源于大疆在对产品品质的追求上有着不可思议的"偏执"，即使是一个摄像头的形状和颜色，即使是无人机的一个小性能，团队成员都异常执着。就是这样一个"偏执"的团队，才能塑造一个好的品牌。在大疆没有严格的上下级，彼此都是年轻人，拥有青春的朝气和活力。任何一个好的点子都会受到充分的尊重，这样的环境和氛围，让人能够创造价值并感受到自己的创造价值。尊重创新点子，培养创新意识，是大疆团队的行动准则和常态。

大疆坚持的是自主专利之路。截至2016年，大疆在全球提交的专利申请量已经超过1500件，获得专利授权400多件，涉及的领域包含无人机各部分结构设计、飞行稳定、电路系统、控制系统及无线通信等。大疆在塑造品牌的过程中十分注重专利保护,在国内外进行了严密的知识产权布局。大疆科技能够有今天的市场地位离不开大疆对知识产权的严密保护,大疆的知识产权团队有着各种"牛人",不仅有名校出身的,更有熟知国内外知识产权制度的,他们为大疆的海内外市场开拓和权益维护保驾护航。这些专利拿着法律武器守卫着"大疆"的品牌不受侵害。

大疆的品牌服务依赖的是对顾客需求的理解。2015年底,大疆在深圳开了首家旗舰店——欢乐海岸旗舰店。在旗舰店,消费者可以体验无人机的各项性能,成功连接了大疆和消费者,使两者能够全方位地面对面直接互动,使顾客得到更好的服务。之前发生过大疆无人机出现在禁飞区的新闻,大疆反应迅速,在最新的自动导航系统里加入了禁飞区标识,无人机将再也不会飞到禁飞区。大疆在产品质量方面也承诺,只要是大疆质量问题,皆可以免费更换新机。一个公司给客户好的服务和体验,能够体现其责任感和以人为本服务于人的企业文化和精神,这也是大疆品牌里不可或缺的一部分。

(三)大疆的智造之路

2017年,大疆科技的产品在国际市场上迈上了新台阶,大疆的旗舰产品Mavic无人机,获得了以色列军方的采购订单。以色列军方认为Mavic无人机比其他无人机性能更好、续航能力更长,机上的照相机也更优秀。这说明大疆的中国智造已经走出国门,走向世界了。大疆创始人汪滔有个心结,那就是中国式的量产和廉价,缺少高科技的"中国制造",无法在国际市场上扬眉吐气,他说:"这样的日子很憋屈。"如今,大疆正在给世界一个新的印象,那就是"中国制造"也可以高端大气上档次。

大疆创立两年后开发研制出了一套较为成熟的直升机飞行系统xp3.1,这是中国自主悬浮技术的突破性进展,引起了市场的积极回应。在此过程中,多旋翼的飞行器越来越流行,于是汪滔产生了将两者结合,做出一个一体化方案,免除用户分开购买相机和飞行器再组装的烦恼,于是有了后来的Phantom(精灵)多旋翼飞行器。

汪滔说大疆有点像汽车启蒙时代的福特,瞄准将核心模块进行优化开发的先机,做出了一体化的产品,才最终牢牢占据了市场。2014年,大疆发布了Ronin(如影),这款无人机改变了现有的长镜头拍摄方式,只要将相机悬挂在飞行平台上的陀螺稳定云台系统,就可以当作单独的手持设备使用,不需要借助轨道车、助臂车等设施就可以拍摄任意长度的长镜头。

中国是农业大国,但农业现代化步伐较慢,大疆正致力于推进中国的农业现代化进程。大疆在2015年发布了一款名为MG-1农业植保机的智能农业喷洒防治无人机,这标志着大疆正式涉足农业无人机领域。据官方介绍,它具备防尘、防水、防腐蚀的设计,配备了八轴动力系统,载荷可达10公斤,推重比高达1:2.2,工作效率是人工喷洒的40倍还多,每小时作业量可达40至60亩。MG-1的药剂喷洒泵与飞行速度联动,在自动作业模式下,可定速、定高飞行和定流量喷洒。MG-1可以在飞行期间边喷洒边规划路线,不需要事先对农田进行测绘,还可以根据不同地形选择不同的作业模式,包括智能、辅助以及手动模式。MG-1还装配有精度高达厘米级的调频连续波雷达和先进的飞控系统, 在作业时能够实时扫描作物表面的起伏情况, 保持与农作物间的距离, 实现均匀喷洒。这是一款性能优异、智能程度非常高, 且操作简单的农用无人机, 进一步解放了农民的双手, 推进了中国的农业现代化进程。

一家公司要想牢牢抓住客户, 防止市场份额被竞争对手抢走, 就必须抓住主流用户。无人机的大规模商用已经让主流用户群体日益明朗: 影视拍摄, 典礼直播, 地图测绘, 搜救援助, 农用等。大疆的产品已被广泛应用到森林防火、航拍、搜索救援、遥感测绘、广告影视等工业及商业用途, 同时也是全球万千航模航拍爱好者的最佳选择。大疆依靠自身长时间的技术、用户积累和优势, 不断开发创新应用技术, 为客户设计和开发创造功能齐全、性能更优的产品。

深圳创客致力于改变中国制造的不好印象, 大疆也在为此努力着。大疆智造摆脱低端产品, 定位高质量高服务。有媒体在采访大疆时问了一个问题: 精灵系列最便宜的也要4000元, 有没有可能做一个1000~2000元的、低端一点的版本? 大疆回答没有做更低端的计划, 因为大疆愿意在研发产品时投入经费, 而且技术水平也足够, 配得上4000元的价格。正如汪滔所说, 这是摆脱"中国制造"在国际市场上以往那种低质量、廉价标签的一种途径。

大疆"智造"推动深圳"智造"。大疆在深圳市政府的支持下组织了一个名为RoboMasters的大学生机器人大赛。通过打造精彩的、具有观赏性的机器人比赛, 搭建一个万众瞩目的属于发明家的舞台, 吸引有梦想、有活力、有创意的年轻人加入。2016年有228支队伍, 超过7000名大学生报名参加比赛, 观众多达数百万人。随着比赛的影响力不断扩大，国外的高校也积极报名参加，要与中国大学生一较高下。该类比赛活动使学生们在实践中体悟"智造"，以非课业的形式接受培养，加快推进"中国智造"。

（四）大疆科技的创新战略

创新是大疆的制胜秘诀，体现在技术创新、制造创新、客户体验创新、人才创新等方面。大疆创始人汪滔从小就是航模迷，喜欢遥控直升机，但遥控直升机容易摔破，不好操控，所以他早就想做一个能够自动控制直升机飞行的东西。汪滔曾说过，他不太在乎其他人的看法，做无人机就是想把自己一直以来的想法实现，让更多和他一样喜欢航模的人自如地操控它。2005年，成立大疆之前，汪滔团队拿到学校给的18000港元经费开展研究，半年过去了，并没有取得一个很好的结果，很多人都觉得他们失败了。但他们不言放弃，于2006年1月完成了第一件样品，也在航模爱好者论坛上接到了第一笔订单。之后汪滔团队正式创立大疆，每个月的销售额从无到有，在2010年达到了每个月几十万元。从拥有第一件样品到2010年的五年间，大疆团队致力于直升机飞行控制系统上的技术积累和沉淀，不断完善飞行控制系统，深入挖掘无人机技术。

2014年，无人机概念逐渐火热，不断有创业团队研发无人机，许多投资人将资金投入到无人机的技术研发和生产上，大疆面临巨大挑战。凭借之前的技术积累、强大的团队和研发能力，大疆无人机一直走在前列。汪滔说创业之初就确定了坚持要做最好的无人机的定位和目标。

经过五年的技术积累和沉淀，大疆在制作无人机系统和技术上有着他人无法比拟的优势。如果说最初大疆的核心技术是其成熟的飞行控制系统，那么后来的大疆的核心技术就是创新力。通过持续的创新，大疆维持着行业巨无霸的优势地位。大疆拥有一支500人以上的技术研发队伍，数十位世界级的研发工程师，在研究预算的投入上不设限制，只要有足够好的创意和创新，在确定可行后，将在研发上投入足够的成本使之转化为产品。大疆为激励员工将创意成功转化为产品，支持并鼓励员工进行内部创业。

大疆在不断创新的过程中特别注重对知识产权的保护和利用。截至2016年，大疆在全球提交的专利申请量超过1500件，已获得的专利授权超过400件，包含无人机的所有领域，如控制系统、无线通信、电路系统等。在大量专利技术的沉淀下，大疆只制作自己公司的创新创意产品。2011年开始，大疆一直走在行业前头，不断发布新的产品，推陈出新，其中以精灵系列最为出名，产品应用到航拍、遥感测绘、搜救、影视拍摄等领域。2015年12月，大疆推出MG-1农业植保机，还是一款智能化操作的农业喷洒防治无人机，这意味着大疆的创新更进一步，研究领域扩展到农业无人机领域。2017年5月，大疆推出第一款掌上无人机，"晓"Spark，仅有听装可乐大小。创新是大疆孜孜不倦的追求，从软件到硬件，大疆在技术方面的创新让其他企业望尘莫及。

"极致和完美主义者"是汪滔被媒体提及最多的标签。他对公司产品有着近乎完美的要求，对于创新速度有着极致的要求，正是这种"高压"让大疆能够高速运转，迅速调动公司资源进行创新，将快速模仿的竞争对手撇开。在信息化的21世纪，信息在全世界快速流动，同行业间的模仿不可避免，大疆只有保持快速创新能力才能够维持其霸主地位。

大疆在航拍无人机的多项关键技术，如通信遥控、飞控系统、图传系统、机体材料及结构设计、云台技术等方面做到行业顶级的基础上，又叠加了两项独具创造性的关键性技术，分别是视觉算法和避障系统，很好地提高了操控简便性及安全性。这些技术，包含几乎所有可应用的产品领域场景。通过不断组合和改善，确保足够的稳定性和兼容性，有针对性地解决用户的应用需求，就可以研发生产出一个可以用到特定领域和行业的全新系列的产品，就像灵眸OSMO-MOBLIE手机云台一样。大疆的创新致力于用户体验和需求反馈，针对用户需要进行抽丝剥茧，看到隐藏的用户需求，开发对用功能，造就了大疆持续的创新能力。

大疆不仅仅在技术上创新，在优秀人才认定上也在不断创新。汪滔对于人才有着自己独到的见解，在他看来，应试成绩并不能作为判断是不是一流人才的标准，只能作为一个辅助判断，而真正作为评判一流人才的标准是热爱所从事的事业，能够很好看到事物的本质，在创造性的工作中有独到见解，能够突破桎梏，而这一切要和实践结合，不断尝试积累，在实践中充实。因而，大疆在培养其创新型人才的方式上十分注重实践，通过实践培养人才的思维方式、创新理念，以及洞察事物本质的能力。创新型人才一定是在项目实践中有自己独到思维方式和见解，能够创造，敢想敢做，动手能力能够支撑其想法实现的人。这也是大疆践行以兴趣和项目经验选拔人才理念的原因。

大疆在短短十年间，能够引领一个行业的发展，始终站在行业最前方，离不开其创客精神里的持续创新因子，离不开其专注于产品的理念,也离不开其真诚服务于人的企业精神。深圳创客的品质在大疆得到了淋漓尽致的体现。

二、柔宇科技

(一)柔宇科技简介

柔宇科技成立于2012年,刘自鸿任其董事长兼CEO。柔宇是柔性显示和柔性传感以及相关智能产品的领航者,是一家专注于新型显示与传感以及相关电子产品的研究、开发、生产和销售的新型创新公司。柔宇的三大核心技术和产品包括: 0.01毫米全球最薄彩色柔性显示屏、新型柔性电子传感器、新型智能终端产品。柔宇被众多风投公司看好,仅仅在两年内就得到了四轮风投。柔宇拥有一个优秀的团队,聚集了全球12个国家共700多位行业人才,核心团队中有国际学术界和工业界里具备成熟理论知识和丰富实际经验的研究人员和工程师,是全世界最早专业从事彩色柔性显示技术研究开发的团队之一。其自主研发出的厚度仅有0.01~0.1毫米的全球最薄柔性显示屏和柔性触摸屏打破了世界纪录。柔宇科技是新时期深圳创客的典范。

(二)极负盛名的柔宇品牌

柔宇致力于打造一个能够改变世界、创造未来的品牌。刘自鸿说,如果一个公司的创新不能解决问题,没有创造价值,那么这个创新只会昙花一现,也就不能让它的品牌受到足够的认可和欢迎。

柔宇专注于下一代人机交互技术（新型显示与传感）及其相关电子产品的研究、开发、生产及销售，希望能够给人们带来更好的感知世界的方式方法和体验。

柔宇作为最快晋级全球"独角兽俱乐部"的创业公司之一，有着自己独特的品牌文化。柔宇的使命是让人们更好地感知世界。感知世界需要媒介，这个媒介越好，感知世界的体验就越好。柔宇孜孜不倦地追求柔性显示，通过提高柔性显示性能和品质，使之应用到各个领域。不仅仅是电子产品的显示，还有智能家居的显示、汽车内部的显示等，只要能够让人们更好感受世界，柔宇就会踏入这个领域。

柔宇的核心价值观在三个方面：正直诚信、勇于创新、敬业尽责。柔宇的文化是其品牌竞争力的保证，优秀的文化铸造了一个优秀的品牌。

刘自鸿的导师西美绪教授曾教导他：新的产品要产生大的社会价值，应该让它尽量实现工业化和产业化。柔宇不断进行产业布局，推进柔性显示屏的量化生产，铺设了全球首条类六代全柔性显示屏生产线。这不仅使产品的社会价值得到最大化，也加快了柔宇的品牌之路。柔宇打造的"深圳品牌""中国品牌"是以新型电子柔性显示技术为主导的高新技术品牌，有助于让中国智造走出深圳，走出中国，走向世界，塑造一个中国造的世界品牌。

（三）柔宇的智造

柔宇的信念是"我们不预测未来，我们创造未来"。柔宇有着一个创造未来的想法，要创造一个柔性世界，需要显示屏的地方就有柔性显示屏，比如汽车的很多弧面结构，墙面结构，甚至衣服上，手机打开是平板，平板收起来是手机，随意切换等。

柔宇在柔性显示屏和柔性显示技术上的成就不仅影响信息技术产业，甚至会颠覆显示行业。中国很早就是"制造大国"，但制造机床依赖进口产品，即便制造能力再强，也无法实现"制造强国"的目标。比如单反相机，因没有掌握电子感光元件的核心技术和制造工艺，中国无法制造与尼康、佳能相媲美的相机。再如液晶面板，日韩在1995年就拥有第一条液晶显示屏生产线，国内在2002年才照搬他们淘汰的生产线，出货量更是花费了10年时间才赶超日韩。对于深圳创客来说，只有掌握核心技术，才能快人一步。柔宇在全球范围内申请和储备了500多项核心技术知识产权，牢牢把握住了这一生产核心，它将带领中国企业在"制造强国"的路上迈出坚实一步。

柔宇在2015年7月已经建成并投产了首条超薄柔性显示模组及柔性触控生产线，随后，为满足生产需求，又投产了一条产能是之前10倍的新生产线。后来，柔性显示屏逐渐应用于消费电子（手机、平板、电视等）、汽车、运动时尚等方面，依据不同客户的个性需求来定制其独特产品。

2014年8月，柔宇发布的厚度为0.01毫米，卷曲后半径只有1毫米的彩色柔性显示屏，这项性能创造了世界纪录，且至今仍未被打破，还成功与现下主流的智能手机相对接。这款轻薄的显示屏具备良好的柔性与韧性，似乎能够卷起来收走，视觉上能够看到彩色屏幕，清晰度也很高。柔性显示屏是柔宇在许多复杂工艺上的突破，包括材料、工艺、电路器件、电子系统、显示模组，以及终端产品和系统等领域的设计和开发。柔性显示屏有许多优点，例如轻薄、便携、可折叠、可卷曲、不易碎等，而且可塑性特别强，能够很好贴合新产品的设计。柔性显示技术对现有传统屏幕来说是一项重大改革，将会改变现在消费电子产品的形态，使许多应用得到实现。柔宇还掌握柔性显示的新型工艺技术（如印刷或辊对辊等制备工艺），这使得未来显示产品低成本量产制造成为可能。

在2017年国际消费电子展（CES）上，柔宇发布了多款新品，其中最引人注目的是可卷曲穿戴手机原型FlexPhone，它获得了由CTA（美国消费技术协会，CES的主办方）评选的国际级创新技术奖项——CES 2017创新大奖。据介绍，FlexPhone是柔宇发布的一款搭载了柔宇柔性显示屏和柔性传感器的柔性可卷曲穿戴手机原型，可以像手表一样缠绕在手腕上，也能够拉直了当作传统手机使用，一定程度上较好地解决了"大屏与便携"的矛盾，使手机更加便携，甚至达到可穿戴的可能。刘自鸿对它的期盼是"FlexPhone是集科学与艺术于一体的时尚设计，希望它能带来全新的用户体验，引领新的科技潮流"。

柔宇还开发了一套采用柔性电子技术的弧形汽车中控，它的曲面设计很好地贴合了汽车内部的复杂设计结构，中控区域集合了显示、按键等于一体，没有多余的结构和物理按键。中控操作区的厚度只有30毫米，大大减少了中控所占用的汽车空间。在未来的汽车设计中，柔性电子汽车中控将给汽车的设计带来更多可能。车的设计以安全为主，因此车内装饰都是曲线，不存在具有安全隐患的尖棱部分，而柔性屏能够更好地将曲面与屏幕结合。

柔性显示是一个信息产品，除了屏，还有芯。人机交互的过程是我们先通过触摸或者键盘输入信息，经过计算机程序的处理得到结果，输出显示在屏幕。所以，信息产业的核心模块就是芯和屏。现在移动互联网用户远远大于互联网用户，两者最大的区别在于屏幕是一小一大。为了便携而变小的屏幕带动了互联网硬件和软件的巨大变化，直接改变了人机的交互模式。因而，柔宇的柔性显示不仅改变了一个产品，它将改变从材料到产品的设计和开发，甚至影响到软件的开发和移动互联网的应用，最终影响整个电子生态。

（四）柔宇的创新

柔宇的使命是"让人们更好地感知世界"。一个有使命感、有目标、有追求的公司能够更好地为人们创造价值，带给人们更好的产品和体验。刘自鸿就是这类深圳创客中的代表。

刘自鸿的创业理念是发现问题、解决问题、创造价值。他还在清华读本科时，尽管课业任务繁重，仍然喜欢艺术，热爱学生活动。他曾加入艺术团，主持节目，表演话剧。他的第一次创新活动便在这个过程中实现。大二时，在一次话剧的排练过程中，舞台上的灯光太过耀眼，灯光师把亮度调暗后又显得太暗。于是他就想给舞台的灯光系统增加一个自动调节功能，利用所学专业知识，他制作了一套可以预先设置参数，通过自动检测光的强度实现舞台灯光自动调节的系统。刘自鸿通过发现生活中未解决的问题，并寻找解决问题的途径来创造巨大价值，这一方式值得所有创客学习。

刘自鸿觉得，大学本科在艺术团和同学们天马行空地谈天说地对他现在的创新很重要，那段时间的耳濡目染，以及培养的艺术思维，给他之后创新带来不少灵感和启发。在他看来，通过工科严谨缜密的思维方法和艺术思维的天马行空相结合，能在应用科学领域的创新中碰撞出火花。因此，柔宇发布的各项产品中都能够看到很多美学设计和艺术理念，更加贴合人们的审美和追求。

创新创业要做自己喜欢和擅长的事情，这是刘自鸿在创业时的一个原则。他说，做一件自己喜欢的事，在奋斗的过程中不会感到枯燥，还能够感觉到许多快乐，也就能够扛住各种各样的磨砺和挑战。这个过程非常充实，就像生命被赋予了新的含义一般，一直在创造价值，不懈怠。而且，做自己喜欢的事情还有一个优点，就是喜欢加擅长，再加上积累和基础，就容易做得比别人好。

柔宇的3D头戴影院Royole Moon（柔宇明月）是一款头戴3D影院，获得了美国IDA国际设计奖，打败了来自52个国家的1000多个参赛作品，获得了媒体和家电类金奖。它是柔宇2016年9月发布的产品，采用了柔宇100多项自主核心技术，其可折叠设计是全球首创。它具有800英寸3D弧形大屏幕，可以自由调节屏幕尺寸大小，能够识别2D/3D内容资源，配备有顶级的有源降噪耳机，能很好地隔绝外界干扰，达到影院级观影的效果。这款创新性产品已经售卖到全球20多个国家，收获了一大批粉丝。

刘自鸿在创业之初，注意力都在如何做好柔性显示和柔性电子方面的核心技术的开发研究，"从0到1"，之后再和生产线结合，通过将技术转化为产品，将产品实现工业化的量产，使产品发挥出最大的价值，实现"从1到n"的过程。2015年，柔宇开始架设生产线，在该项目上投资了超过100亿元，于2017年正式投入生产，年产值达到200亿元。柔性显示改变的不仅是一个产品，还将被应用于新型智能手机、汽车领域、航空领域、穿戴式的移动电子设备，将改变整个电子生态链。柔性电子屏已经被应用到电子汽车、运动时尚、电子家居等领域。柔宇被看作是21世纪最具有颠覆性和代表性的电子信息革命者之一,有望改变这一行业的态势,创造信息产业的新生态圈。

柔宇定义了下一个时代的人机交互。柔性屏要求在一个超薄的薄膜上集成千万个晶体管,再将发光材料做上去,其中的技术和工艺要求十分苛刻。正如刘自鸿所说,"在豆腐上盖一栋大厦"。2011年之前,柔性显示屏并无基础,柔宇需要搭建包括上游材料工艺、电子器件以及下游产品的一整条产业链,在整个行业领域内都是创新。刘自鸿带着团队日夜奋战,终于在2014年发布了0.01毫米的全球最薄彩色柔性显示屏,走在了无数竞争对手的前列。刘自鸿认为,在未来,信息技术有3个核心方向,包括人机交互、人工智能和万物互联。人机交互指人和机器之间的互动沟通,也是人们感知信息的方式;人工智能就是人机交互中机器接收到信息后进行分析做出决策;万物互联就是人机交互和人工智能通过互联网连接起来。刘自鸿希望通过卷曲的柔性电子,定义下一个时代的人机交互方式。

柔宇的产品在国际上获奖无数,得到了国际社会的高度认可。

三、华大基因

(一)华大基因简介

华大基因成立于1999年,总部位于深圳,是一家立志于以科技惠民、专门从事生命科学的科技前沿企业,也是全球最大的基因组学研发机构。华大基因拥有遍布全球的分支机构和产业链，通过与各方建立广泛而良好的合作，业务布局已经扩展至100多个国家，将其自主的、前沿的多组学科研成果应用到农业育种、医学健康、资源保存等多个领域，将基因科技的成果转化为切实可行的执行方案和方法，使基因科技更好地造福于人类。华大基因在2013年成功收购美国生物科技公司Complete Genomics，实现了基因测序上下游产业的闭环，也意味着华大基因只需要内部协调合作就可以独立承担完成一个完整的基因测序工作。

"国际人类基因组计划"1%、"国际人类单体型图计划"10%、"国际千人计划基因计划"、"家蚕基因组计划"、"水稻基因组计划"、抗SARS研究等重大项目奠定了华大基因的地位。国家基因库由华大基因负责组建，这是我国第一个国家级的综合性基因库，能够更加有效地保护和开发利用国家遗传资源，对于维护国家生物信息安全有着重大意义。

（二）华大基因的品牌

华大的品牌定位是"造福人类"。华大基因CEO尹烨说，用基因科技造福人类、服务于普通民众是华大基因一直以来的使命。将来，普通民众都能够检测自己的基因组序列，掌握自己的"生命密码"，然后依据检测得到的基因组图谱，请专业人士找出携带的致病基因，进行隐形疾病的预防和预测等，达到掌握基因、控制健康的目的。科技服务于人，这是华大基因的品牌精神。

一个品牌必须有其坚守的伦理底线，尤其是生物科学类的企业更加需要。华大基因就是这样一家需要坚守伦理的企业，保障千千万万客户的隐私安全、基因安全等。华大基因一直在努力，2011年，华大基因成立了华大基因研究院生命伦理和生物安全审查委员会（BGI-IRB），有内部委员10人，外部委员7人，共计17名委员。委员们是来自医学、法学、伦理学、社会学等行业的专家和社区代表，他们从专业的角度来审查项目，确保项目不违背社会的原则性。此外，多人审查也具有足够的公正性。BGI-IRB的工作包括：建立和完善BGI-IRB的工作规章制度，完善的制度能够很好地保护受试者的隐私和信息安全；项目审查与审批制度，审批制度的完善能够避免对环境伤害大、影响人类健康的项目上马；员工伦理意识培训，培训可以让华大基因员工在工作中遵循伦理要求；对外交流，对外讲述华大基因的伦理理念，对合作单位进行伦理宣讲、普及、交流等。在此之前，华大基因一直遵守与其他合作单位的统一的伦理要求规章。华大基因在2008年开始实行专人负责制，开展独立的生命伦理审查工作，大幅度增加伦理、社会、法律等行业的专家和代表。华大基因打造的遵守伦理的品牌让华大基因更加被客户信赖和支持。

华大基因是一个有责任感的品牌。在众多的重大流行性疾病面前，华大基因始终站在第一线。

2003年，SARS期间，华大基因只用10多个小时就检测出SARS病毒基因序列，96个小时完成了SARS病毒酶联免疫试剂盒的研发制作，并给全国防治非典型肺炎指挥部捐赠了30万人份的SARS病毒酶联免疫试剂盒。2013年，H7N9肆虐，华大基因积极地参与对H7N9病毒的研究，反应迅速，开启了绿色通道，建立了一个快速检测平台，能够在36小时内精确地检测样本并及时反馈，在疫情控制上贡献了自己的力量。此后,华大基因构建了流感及重大传染病基因组数据库,以期对突发的公共卫生安全事件进行快速反应。

在雅安地震的时候,华大基因无偿为灾区提供了包括应急病原微生物检测、疫情监控、身份辨识、伤患治疗需要的HLA配型检测等各项专业技术服务,还捐赠了10万份的诊断试剂用于输血安全和病原检测。华大基因成功地树立了一个心系社会、贡献力量反馈社会的企业品牌形象。

华大基因的创新在行业内备受瞩目,技术创新、理论创新、软件创新,直到自主测序仪器的创新。华大基因通过创新破开国外的技术封锁和寻找新的定位,把握生命科学领域的前沿技术和风向。华大基因提倡根本性的创新,创造出能够造福人类的新理论、新技术、新产品。

《自然》杂志形容华大基因"正在建造世界上最大的基因工厂"。华大基因展现出的品牌形象不仅是创新,更多的是一份对用户和社会深深的责任感,正因如此,华大基因占据了全球40%的市场份额。

(三)华大基因的智造

华大基因从消费的角度出发,利用其基因组学技术和研究理论,结合生物科学、生命工程、基因优选等领域的科研技术,开发了一系列优质的健康产品,还结合互联网推出了华大基因自己的电商平台——基因谱。

华大基因作为测序巨头,研发出了许多自主创新产品。BGISEQ-500就是其中一款,它在2016年11月发布,以"更专注、更小巧、更精简"的特色被认可。BGISEQ-500适用于众多科研领域,比如快速检测未知病原体等临床应用、染色体异常检测、植入前胚胎染色体筛查等。华大基因自主的BGISEQ-500标志着我国在核心测序技术和能力方面已经不需要依赖他国,实现完全的自主可控,这对于以基因科技为核心支撑的我国生命数字化建设具有里程碑式的意义。华大基因董事长汪建表示,在将来,依靠BGISEQ-500,人人都能够轻松知道自己的基因。

BGISEQ-500具有操作简单、测序精准、快速检测、使用灵活、经济省钱的特点。一键测序功能除去了复杂的操作过程,减少了操作过程造成误差的概率,最快的测序只要24小时就能够完成,也能够极大程度上降低降解的程度,所以检测更加精确,可达到99.99%的基因组检测精度,这在国际上也处于领先地位。简单的操作并不需要搭配高级技术人员,所以在人力成本上,相对来说更加经济。

2003年,在SARS泛滥的时候,华大基因主动挑大梁,短时间破译了四株SARS病毒的全基因组序列,并在这个成果上研发出能够测出SARS的诊断试剂盒,是全球首个公布SARS诊断试剂盒的公司。此时华大基因的智造已经走在了许多科研机构的前列,显现出华大基因的智造能力。

"基因科技造福人类"是华大基因员工的信仰。华大基因在医学、农业和工业制造方面展开布局,其中通过基因检测来实现普通大众都能够受惠的精准医疗是华大基因努力的方向之一。通过基因检测开创出无创产前基因检测,通过采集孕妇的外周血,并从血浆中提取得到胎儿游离的DNA,再采用华大基因自主研发的新一代高通量测序技术进行生物信息分析，分析出胎儿发生出生缺陷的风险和概率。这个技术目前覆盖了62个国家，超过2000家合作医疗机构。这项技术在大量实践中，以99.9%的准确率受到广大客户的欢迎，成为中国智造迈向世界的一步。

华大基因一直在创造属于基因行业的"中国智造"，不断深入研究探讨生命科学，不断进行科研并取得巨大成就。在取得科研的成就后又反馈到医疗、农业、健康等领域进行产品开发，践行"用基因技术造福人类"的理念。

在生命科学领域，生物信息学是一门重要的学科，与其相伴随的生物信息学分析软件是不可或缺的研究工具。华大基因研究员发布了其自主开发的生物信息软件，包括基础数据分析工具、群体遗传学分析工具和传统工具的优化升级版。基础数据分析工具能够对不同的基因组数据进行全面分析，传统工具在优化升级后处理速率大幅度提高，功能更加优化，运行更加流畅。群体遗传学分析是研究遗传多样性必不可少的，传统的人工算法已无法满足群体遗传学分析的需求，群体遗传学分析工具能够很好地适应当下的群体遗传学研究。华大在生命科学领域的生物信息学分析软件的"智造"，极大地推动了生命科学的发展，加快研究进程。华大基因研究院还进行了数据库建设和基于Web的应用开发，为基因组分析服务和相关工具的使用提供下载服务，网站还设有项目介绍、基因组浏览、数据下载和相关问题等模块，方便用户的查询和使用。

(四)华大基因的创新

汪建说要有源头创新,必须把基础科学搞上去。华大基因是从基础科学发展起来的,生命科学的创新发展需要扎实的学科理论知识,还要有丰富的科研经验。随着生命科学的火热发展,华大基因对基础科学的研究也更加透彻明白和扎实,通过不断地实验,不停地积累经验,逐步实现技术和理论的突破,实现创新。

华大基因的创新还体现在其科技成果的转化上。在拥有大量基础科学理论和实践的基础上,华大基因致力于开发相对应的基因科技产品。植物方面,华大基因利用其成熟的基因分子育种技术和植物基因工程技术,对植物品种进行改良,开发植物资源,并在其专业领域进行现代农业的产业化推广。动物方面,利用其技术沉淀和积累,结合基因组学、基因工程技术和基因克隆技术,开展动物分子育种、人类疾病动物模型等研究,将研究成果应用在动物分子育种上,有效提高了育种效率,推动了现代农业、畜牧业和人类健康的良好发展。华大基因利用基因组学技术,对微生物和基因资源进行高通量的筛选,对其功能进行挖掘,并将挖掘出的功能应用于环境、食品、医药、能源等领域。比如通过对青霉菌的基因改造,定点其产生青霉素的基因,可以让青霉菌产生远高丁未进行基因改造的青霉菌。华大的基因技术研究对促进医药行业发展具有深刻的意义。华大基因以海洋生物为研究对象,利用高通量基因组学手段和现代生物工程技术,进行海洋药物的研发、海产养殖育种、保护海洋环境、建设海洋生态等方面的研究和产品研发。

　　华大基因在2015年推出具有完全自主知识产权的两款产品，分别为"超级测序仪"——Revolocity™及桌面化测序系统BGISEQ-500，发布后受到行业专业内的一致赞赏。华大基因自主研发了一款最新国产测序仪，大批量销往全世界，是全球测序技术领域第一次大规模采购的"中国制造"，是深圳创新和深圳智造走向全球的一面旗帜。只有拥有完全自主知识产权的创新产品，才有把控整个产业布局的能力，不会受限于人。华大基因自主研发了许多科研器材和器具，在行业内有着举足轻重的地位。创新是华大基因不断向前的保证，华大基因的创新意识强烈，并具有深厚的底蕴。截至2017年2月，华大基因已申请国内外专利1583件，发明专利384件。

　　华大基因先后在国际科技期刊上发表过许多重量级科研独创文章，最突出的是"人工合成酵母基因组计划（Sc2.0 Project）"，这个基因组合成领域的科学里程碑项目在华大基因国际合作组的高度配合协作下，取得了新的重大突破性进展。华大基因国际合作组宣布完成了2号、5号、6号、10号和12号共5条酵母菌染色体的全新设计与全合成，并且在多个方面对其进行了深入分析和探讨，最终成功合成了与普通酵母菌高度一致的人工酵母菌。这项创造性成果在2017年3月10日登上国际顶尖权威杂志《科学》，并且以封面和专刊的形式同时发表了7篇原创论文。

　　在创新型人才培养方面，2013年，华大基因和大连理工大学启动人才联合培养合作，华大基因产、学、研一体的创新人才培养模式与大连理工大学的人才培养方案相结合，来培养更多更好的创新型人才。早在2009年，华大基因就已经开创与高校合作创新的人才培养模式。现与全国18所一流高校或医学院校合作，根据"2.5+1.5"或"3+1"的培养方案开展本科创新班联合培养人才行动，培育了许多优秀的毕业生。

华大基因证明了深圳智造不仅在电子科学技术领域独树一帜，在生命科学领域也一样精彩。深圳创客活跃的不仅是现下火热的电子领域，也有许多创客像华大基因这样奋战在生命科学等非电子领域。华大基因迈步在生命科学领域的前列，让世界感受到了"深圳智造""深圳品牌"。

第五章　国际创客城市实践

创客，来源于英语单词"maker"，指爱好思考与创新，不拘于形式与目的，乐于把自己的创意变为现实的人。"客"——开放包容、乐于分享，这是创客文化的一大特性。在我国，在"大众创业、万众创新"的号召下，各类创客空间及孵化器如雨后春笋般出现。在如今的国际大环境下，创客被誉为推动社会经济发展的重要力量。但中国目前的创客体系不够完善，创客文化尚未成熟，须借鉴国际上的经验来更好地推动创客发展，确实实现"大众创业、万众创新"的社会面貌，促进我国科技、经济的发展。

第一节　科技型创客中心

一、硅谷

硅谷是指从旧金山向南，到圣何塞大概纵深100公里的一块面临太平洋的平坦谷地，风景优美，气候宜人，最早是研究和生产以硅为基础的半导体芯片的地方，也因此而得名"硅谷"。硅谷一直象征着科技与创新，尽管现在美国与世界各地的高新技术区不断发展，但硅谷仍然是高科技技术创新与发展的开拓者。

（一）发展现状

在硅谷这片神奇的土地上，各大科技公司林立，世界知名企业比比皆是，会集了世界各地的科技人才、创新人才。附近以拥有雄厚科研力量的美国一流大学斯坦福大学、加州大学伯克利分校等世界知名大学为依托，以高技术的中小公司群为基础，并拥有谷歌、脸书、惠普、英特尔、苹果、思科、特斯拉、甲骨文、英伟达等大公司，融科学、技术、生产为一体。各大知名高校不断输送创新型人才，同时拥有各类风险投资资金的支撑，创新创业成为这里的常态。硅谷是世界创客的中心，包容、开放、乐于分享的创新文化吸引着世界各地的人才会集于此，新的想法不断产生，获取投资，形成产品，构建产业链。同时硅谷许多高技术公司的管理人员和研究人员不断革新、不断开拓新产品，又迅速将新技术、新产品转化为利润——这种现代化的高效工作模式让其他地区的公司望尘莫及。

在全球范围内，硅谷是创新的代名词，创新的竞争才是硅谷真正的竞争，创新是硅谷永不枯竭的动力。在硅谷，没有创新就没有立足之地。在这里，平均每周就有近20家新公司成立，每5天就有一家公司股票上市，每24小时就会孵化出62个百万富翁。知识分子是托起硅谷大厦的基石，硅谷现象实际上是一种知识分子创造知识资本的现象。硅谷有世界一流的大学、优惠的政府政策、丰富的风险投资、开放包容的文化，不论国籍和肤色，只要有才智、有胆识、有想法，都会有立足之地。

硅谷的发展奇迹赢得世界称赞，很多学者把硅谷的成功归结于三点：高校人才输送、政府优惠政策、风投资金支持。但即使世界上其他城市拥有相同的外部环境，硅谷的成功仍不可复制。优渥的外部环境对硅谷的产生具有重要影响，但让硅谷发展的不竭动力在于硅谷人不断的创新。在硅谷，你无法向别人介绍你的产品是最新的，因为下一个三分钟内，就可能有新的产品出现在你面前。可以说，在硅谷，每一个人都是创客的一员，每个大大小小的公司都可以划为一片片的创客活动空间，这里开放包容、鼓励创新，每个人各抒己见，发挥自己的才智，智慧的火花不断碰撞，形成产品的雏形，多加推敲便可能成为下一代新型产品。硅谷的成功虽不可完全复制，但是硅谷的发展模式仍有许多值得借鉴的地方。

（二）创客文化

有人认为硅谷的根基在于对利润的本能追求，也有人认为，硅谷的根基在于特有的创新创业文化。在硅谷，几乎所有成功的人都信奉这个信条："除了失败本身，再没有对失败的其他惩罚。"这里鼓励创新，容忍失败，有时候失败之后反而更受欢迎。Hotmail的创立者沙比尔·巴蒂亚就曾说过："在我们之前的每一代人，几乎都在年轻时经历过这一痛苦的选择：是找一份稳定的工作，还是去冒险？但是今天在硅谷的年轻人中，这个问题本身已经不成问题了。"冒险，是硅谷人一致的选择。

车库文化是硅谷创客文化的起源。美国被称为"车轮上的国家"，车库在美国有着独特的地位，美国人对车库有着特殊的情感。这是一个能够诞生奇迹的地方，可以是布满工具的车库，可以是堆满乐器的车库，也可以是摆满电脑和服务器的车库。

　　硅谷的创业文化也受到车库文化的影响。提到车库文化，人们首先想到的便是硅谷，其中斯坦福大学的作用不可磨灭。曾有一位美国科学家说"硅谷之于美国，正如美国之于世界"，斯坦福大学的一位前校长也说过："斯坦福大学之于硅谷，正如硅谷之于美国。"由此可见，斯坦福大学在硅谷的地位可见一斑。斯坦福大学位于硅谷的中心区，在创立之初，其在学校周边购买了一大片谷地。经校方同意，这片谷地被无偿提供给致力于产品研发的师生们，因而成为现在著名的工业园区，周边世界各大知名公司环绕。其中不得不提的是第一家从斯坦福工业园区走出的公司——惠普。作为世界上最大的信息科技公司之一，惠普公司由比尔·休利特和戴维·帕卡德于1939年创建，公司名字由两人姓氏的首字母组成。两人在斯坦福大学教授及导师弗雷德·特曼的鼓励和支持下，以538美元作为流动资金，租下一间小屋，利用业余时间在车库里工作，制造出了用于广播和演出使用的音频振荡器，以此开启了惠普公司之旅。多年以后，当初的车库已经成为美国硅谷的工业发源地，成为美国历史遗迹的一部分。在硅谷，从车库走出的企业不止惠普一家，还包括苹果公司。1976年4月1日，21岁的史蒂夫·乔布斯和25岁的史蒂夫·沃兹尼亚克在自家车库里发布了苹果电脑。自此，个人电脑——一个划时代的产品诞生。谷歌公司，在1998年，谢尔盖·布林和拉里·佩奇以1700美元的月租在这里开始了影响世界的征程，互联网因为他们二人而开启了革命性的改变。亚马逊公司，在1994

年，贝索斯筹集30万美元的启动资金，在西雅图郊区租来的房子的车库中，创建了全美第一家网络零售公司——亚马逊。硅谷的车库文化代表着创新，这一观点已经深入人心。

经过多年的演变，原来的车库文化已经形成了硅谷特有的硅谷文化。学术界关于硅谷文化的研究已经十分丰富，普遍认为硅谷文化的形成是在市场机制的促使之下自发形成的，政府主要起辅助作用，而非关键性的引导作用。同时，硅谷位于加州，加州人注重人际交流时坦诚相待和负责任的精神，在这种大环境之下，也就慢慢形成了硅谷特有的创新创业文化。总体来说，硅谷的文化可以归结于以下五点：

1. 崇尚创业，追求卓越

在硅谷，创业是一种风气，这里的人走出校门之后追求的往往不是已经定型的大公司，而是存在创新、拥有提升空间的小公司，也存在许多公司的高管辞职去小创业公司工作的情况，追求创新是深入硅谷人心中的想法。这种崇尚创业的精神离不开斯坦福大学的助力推动，最知名的就是"研究院所+工业园区"的模式。1947年，当时的斯坦福大学副校长弗雷德里克·特曼首次提出了建立斯坦福大学研究园的设想，但是由于斯坦福大学的创立者规定不得出售斯坦福大学所有土地，故而于1951年采用出租土地的方式引入众多公司。1955年园区内公司增至7家，1960年增至32家，1970年增至70家，最后，多达90家企业租用、雇用了25000名职工，且全部从事高科技产业。这种"研究院所+工业园区"的模式，让教科研机构与高新技术产业良性循环发展，创造了大量就业机会，涌现出一批创新公司和创新型人才，有力推动了美国的经济发展。硅谷的工作风格是追求创新，追求卓越，在现有成果上推陈出新，在市场竞争中寻求机会，推出创新型产品。

2. 鼓励冒险，容忍失败

硅谷人在生活上喜欢追求刺激，如蹦极、高空跳伞等。硅谷人的冒险精神不仅体现在生活上，也体现在创业上。很多公司都是白手起家，敢于牵头自己办公司，进入前人尚未涉足的领域，寻求商机。硅谷的家庭主妇也有着自己的创业之路，例如从事"人事顾问"等。有人总结说，没有冒险精神也就没有硅谷。但是，创业存在一定风险，硅谷也不例外。有人统计，硅谷每天平均有75家新公司诞生，也有57家公司破产，硅谷企业的成功率只有30%。但硅谷人的冒险精神让创业者敢于承担风险，而且完善成熟的风险投资机制也让风险投资公司敢于承担投资的失败。在硅谷，失败可以忍受，相反，失败过的公司或人往往更受风险投资公司的青睐，他们认为，人们在失败中会汲取相关经验，不会再犯相同的错误，对事情也会考虑得更加周详。硅谷人爱好冒险，容忍失败成为硅谷文化中特有的部分，值得世界上其他地区借鉴参考。

3. 平等宽松，精诚合作

硅谷文化中有一个重要组成部分——平等、宽松。不同于其他国际大都市白领上班时的西装革履，在硅谷，穿T恤和牛仔裤这类休闲装上班是普遍现象。如同惠普公司的副总裁比尔·鲁塞尔所说——人与人之间的相互交流是最为重要的，在硅谷并没有人为了便于交往而故意发起非正式的穿着革新，这里的每个人只想留给他人一种轻松随意的印象。如宽松的工作环境、与员工零距离的董事长，让员工的参与意识更加强烈。硅谷不仅拥有平等、宽松的大环境,而且硅谷的企业家们十分注重企业团队精神。在企业中,从总经理到普通员工,谁都可以对企业的发展发表看法,提出建议。如思科公司的管理者,他们认为合作至关重要,若没有员工之间的合作,在市场上站得住脚的产品就无法实现。硅谷的合作意识不仅存在于公司内部,也存在于公司之间的合作,例如苹果公司通过积极主动地与大学出版商、广告代理商以及可从其Mac高级绘图操作系统获益的机构建立联系,从而创造了辉煌。硅谷人不仅重视合作,而且善于寻找合作的机会,在硅谷,没有你死我活的对手。现代科技的研究往往需要多方面的配合,例如需要计算机、软件、测试仪器、外围设备的组合,需要信息的交流,还需要风险投资基金、市场调研、猎头公司的配合,仅靠一个公司是力不从心的。硅谷的公司主要由不到10人的小公司组成,若离开合作,创新无从谈起,硅谷也无法成就现在的辉煌。正由于硅谷人善于合作和交流,创新的火花才容易在交往中被点燃。

4. 竞争开放,追求卓越

硅谷作为世界的科技中心,其各企业之间的竞争不言而喻,同样,在充满竞争的环境下,创新创业才可能变为现实。从1995年到1996年短短的一年间,硅谷高新科技企业如雨后春笋般地涌现,达900家之多,1997年仅第一季度就有147家新公司成立。在这个高度依赖创意文化特质的环境里,由于竞争异常激烈,经常有公司倒闭。但危机通常就是转机,反而造就硅谷特有的积极竞争态度。在硅谷,不同种族、不同信仰的人群都可以得到生存和发展。在这里,人们通过平等交流、传递信息、分享开放带来发展机会。不仅如此,跳槽在硅谷显得稀松平常,很少有人长期在一家公司工作。

每个人都在追求最适合自己的发展岗位,都有权选择适合自己的创业环境。最有名的当属仙童公司,作为硅谷孵化创业者、孵化企业的温床,风气新颖的仙童公司后来分化出100多家公司,如英特尔、超威半导体公司(AMD)等。21世纪,科技发展日新月异,要想在硅谷中生存,公司及个人唯有秉承卓越的理念。前面谈到,硅谷的成功离不开斯坦福大学的助力,同样,这种崇尚创业、追求卓越的价值取向可以追溯到斯坦福夫妇捐款建校的初衷。硅谷人的目标不只金钱,他们有强烈的创新欲望,有抢占世界技术顶峰的激情。正是这种不断追求卓越的信念,才创造了硅谷今天的辉煌。

二、悉尼

悉尼位于澳大利亚东南岸,是新南威尔士州的首府,也是澳大利亚最负盛名的城市之一。悉尼拥有2400平方公里的土地,是典型的副热带湿润气候,全年雨水充足。发展超前的金融业、历史悠久的制造业和日益繁盛的旅游业一直是悉尼市场经济的主体。这也使得悉尼成为南半球的第一创业都市。悉尼被评为2016年度亚太地区最火热的国际投资地之一。

(一)发展现状

说到悉尼,大部分人的第一印象是悉尼歌剧院,但悉尼绝不只生产文艺。作为澳大利亚最古老的城市,它同时也是重要的经济、政治和文化中心。仅经济占比,悉尼可谓是澳大利亚整个国民经济的大头。不仅如此,在悉尼这片土地上,国际知名企业比比皆是,澳大利亚储备银行、澳大利亚证券交易所（ASX），澳大利亚80%的银行总部设在悉尼，75%的大型百货公司也在悉尼设立了公司总部或分支机构。正是如此优渥的商业、贸易和金融环境，让创新创业在悉尼快速蔓延，并取得不错的成就。

（二）创客环境

对于想要创业的人来说，第一件事便是要选对城市，对身处澳大利亚的创业者来说，悉尼无疑是最佳选择之一。根据创业基因公司（Startuo Genome）公布的2017年度"全球创业环境最佳城市报告"，悉尼被评为澳大利亚最佳创业环境城市。澳大利亚15%的信息、传媒和科技产业，以及11%的创意和表演艺术产业纷纷选择落户悉尼。这表明悉尼的创业表现、人才质量、资金支持等方面是十分靠前的。下面从几个方面来简略介绍悉尼的创业环境。

1. 多样的创意产业

据统计，悉尼市中心会集了超过1/3的创意产业从业者，其中各种领域的产业都取得了骄人的成绩。文化产业方面，如电影业，是澳大利亚电影的核心所在；传媒业方面，有世界知名企业落户悉尼，包括谷歌、Foxtel有线电视、新华社、费尔法克斯传媒、澳大利亚新闻有限公司、澳大利亚广播公司等；建筑业也是首屈一指的，许多一流的建筑师事务所坐落于此。创意产业及信息通信技术产业方面，作为一个现代科技型创客中心，自2006年以来，其就业增长幅度达到近25%，悉尼第三大产业的称号当之无愧。另外，有近半数的信息通信和技术产业人才在悉尼市中心工作。

多样的创意产业不仅给悉尼各领域带来突出收益，更让悉尼创意创新的气氛浓厚，领域之间的合作交叉有时带来了意想不到的收获，更是吸引了无数人才加入悉尼这座城市。

2. 政府的大力支持

悉尼市政府一直致力于扶持本国企业家创业，例如由政府大力推出的创意空间计划，这一举措为无数信息技术及其他创意行业领域的人才提供了56处干净整洁的工作室、办公室及住所。普华永道曾发布一份有关创业经济的报告，结果显示，2012年全澳共有自主创业机构1500家，其中65%都设立于悉尼。根据报告预测，如果政府的支持力度不减，到2033年，全澳仅靠科技创业领域就能盈利1090亿澳元，创造的就业岗位能达到约54万个。

另外，澳大利亚政府每年也会投入大量的资金在科学、科研和创新领域，这不得不提到澳大利亚的国家创新和科学计划（NISA），通过这一计划，澳大利亚政府不仅能协助本土世界级的产业和研究领域之间的合作，同时还能给境外市场上的澳大利亚公司提供帮助和资金支持，目前合作的外国城市有旧金山、特拉维夫、上海等，这些被称为所谓的"降落场"，将为澳方企业提供短期运营基地。

3. 鼓励创业移民

悉尼作为澳大利亚第一大城市，历来是各国投资者移民澳大利亚的首选移民目的地之一。国内投资者移民到悉尼最主流的方式为澳大利亚创业移民188A签证。其门槛不高，但对年龄、公司营业额、个人资产等方面有规定。与此同时，投资者还需要花费50万澳元投资悉尼。总的来说，相比于其他国家，澳大利亚的移民条款相对宽松。这也说明了悉尼对于创业创新的高度追求和对于高级人才的渴望和接纳。此外，还有新型的企业家签证为拥有创新思路的企业家拓宽道路，更不用说永久居留和第三方资金支持了。

4. 悉尼大学生的创业情怀

2016年，悉尼科技大学副校长声明，有将近40%的悉尼科技大学学生正在考虑或已经开始了创业之路。受访学生大都怀有强烈的创业精神，对于他们来说，创业是一个极具吸引力的职业选择。学校长期以来也为学生的创业选择打下了坚实基础，课程的教授十分注重激发创业和创新。悉尼科技大学更是一举拍下了一座价值1125万澳元的距离宽街校区仅300米的仓库，用于支持区域创业生态系统发展。

不难看出，悉尼的大学重视创新创业，给予年轻学生一定的资金帮助，让他们充满斗志地去拼搏，碰撞出创新的火花。

（三）创客发展现状

悉尼企业竞争力和经济生产力的源泉毫无疑问是科技创新，有无数的科研家及从业者致力于研究和发展。悉尼是一个集知识和服务密集型于一体的城市，在如此充满活力的创业之都，活跃着1300～2100个科技初创公司，每天都有世界级的合作机会抛向这些公司。不仅如此，悉尼当地政府还积极与各地区合作，加大对科学和研究方面的投入，开发海外创客基地等，吸引了更多的创新人才。下面主要用两个例子来介绍现如今悉尼创业创客的高速发展。

1. 悉尼孵化器

如果要谈论创业公司，或者是创业问题，我们就不得不提到这些有名的新兴创业中心。悉尼有许多优秀的创业中心，其中，最著名的当属Fishburners共创空间和Pushstart创业孵化器，当地创业中心的迅速壮大少不了它们的帮助支持。当然，还有孵化器Incubate，这是由悉尼大学学生自主创办的。它在短短四年时间里已经积累了近700万元的风险资本，所培育出的企业总市值达到3200万元，并且学校于2016年10月还宣布未来五年将拨款100万元支持孵化器的发展，这笔拨款若运用得当，较之以往将会有大幅度增加，预计每年可以资助30家初创企业。

随着国际化进程的加快，各国之间的合作也越来越频繁。近年来，悉尼潜心开拓了广阔的中国市场。2016年8月，创业孵化器Fishburners宣布第一个海外孵化器落户上海。公司CEO穆雷在采访中表示，选择将Fishburners社区的海外据点设置在上海，是希望能够支持前去中国市场调研的创业公司，并为他们提供落脚点。穆雷也表示，他期待中澳双方能实现利益的相互流动，创造更多的合作机会，毕竟在中国成立孵化器，很大程度上表明悉尼渴望与中国交流沟通，对投资者是如此，对其他创业公司也是如此。与此同时，澳大利亚联邦政府在上海设立了"澳大利亚创客基地"，真正为澳大利亚的创业者们打开通向中国这一巨大市场的大门。

建立沟通桥梁的同时，随之而来的风险以及额外的时间消耗，对于创业者来说是一个不小的挑战，更何况时间就是金钱。所以，在将创新企业推向亚洲的道路上，澳大利亚孵化器公司Haymarket HQ秉持一个与众不同的理念：Haymarket HQ主要接收以"进入亚洲发展为目标"的初创公司，他们提供亚洲的信息给这些初创公司，免去了飞往中国的时间及金钱消耗。由此看来，若创业公司致力于打入中国这一巨大市场，这也不失为一种有效的方法。

不仅如此,除了在中国开展海外创客合作项目以及在悉尼本地为计划进入亚洲的公司提供帮助,悉尼还致力于让中国的金融科技初创企业进入当地的金融科技中心。2016年8月3日,FINTECH金融科技中心迎来了三家来自上海的金融科技公司,分别是上海的美记软件、皇家支付以及奇点投资,这在某种程度上可以说是中方与澳方在创业孵化器上的成功对接。为了使上海的金融科技公司快速地融入当地,该中心为帮助支持企业开展业务,免费提供了详尽的法律咨询、金融业务申办等服务。当然,为了加强两地公司的交流,各类顶尖科技公司也会举办交流会。再者,为了促进其商业合作,中心也会尽可能地为双方实现商业往来提供最大帮助。

可以说,FINTECH金融科技中心在短短一年创办时间内,能够吸引数百家蓬勃发展中的初创公司入驻,确实有其独特之处;在这个汇聚了这么多最顶尖的科技创新企业的创业基地,澳大利亚未来着实有望引领国际金融科技发展的潮流。

2. 南半球"硅谷"

从前面的描述中,我们了解到悉尼新兴创业中心的快速崛起以及其所做出的卓越贡献,但其实悉尼市政府有着更加宏大的目标。在上一节中,我们提到了高新科技公司林立的硅谷,而在南半球,悉尼有望成为下一个"硅谷"。在悉尼有一个由白湾、格里布岛和洛泽尔组成的废弃海湾区,由于这个废弃海湾区独特的地理位置及用途,新南威尔士州州长迈克贝德尔提出了一个大胆的创想:将这个废弃海湾区改造成世界级科技创新中心。他说:"我坚信我们可以在海湾区建成澳大利亚自己的量子港。"这表明该州政府眼光已经越过了一般类似于伦敦科技城或者纽约罗斯福岛的水准,而是将视野放远到美国寸土寸金的科技王国——硅谷。

政府为了达成这个宏大的目标,大手笔地规划出96公顷的土地作为项目改造用地,这也被认为是自悉尼奥运会以来最大的项目。在政府的蓝图里,这一片工业海滨地带将会转变为科研创新基地,生锈电站将会成功转型为全球顶尖的高科技公司总部。由于此项目的实施,可以预想到,数字经济占比总经济的份额将会有一个大的飞跃,同时也会带来新的经济格局变化。对于面临的阻力,政府也表现出了绝对的信心。即使每一步都会遇到巨大的阻力,但只要能够完成这些工程建设,悉尼一定会走在经济的前沿,实现南半球"硅谷"的目标。

虽然悉尼废弃海湾区改造计划还在初始阶段,但如果改造成功,这一项目将会给悉尼本地,乃至整个澳大利亚的经济、文化与科研建设带来质的飞跃。并且,这一区域将会成为一个世界创新与科技巨头蜂拥而至的竞技场和交流圈,它的命运也会与众多初创企业家紧密相连,推动澳大利亚产业结构的进一步升级,加强多边投资及技术资源等的交互合作与往来,同时也将成为高科技企业成长强有力的孵化器与加速器。

三、特拉维夫

特拉维夫濒临东地中海,属于典型的地中海气候,湿度较高,市区面积51.76平方千米,最开始是一批犹太人为逃避邻近城市过高的房价而创建的。今天,特拉维夫成为以色列全球化的国际经济中心, 同时也是所谓 "硅溪" 地区的心脏。据特拉维夫市政府统计, 以色列有超过半数的初创公司落户特拉维夫, 其中具有顶尖科技的高科技公司比比皆是, 因此特拉维夫也被美国《新闻周刊》称作世界十大最具影响力的高科技城市之一。

(一) 硅溪

特拉维夫位于以色列西部平原, 濒临地中海, 这个地理位置与美国西海岸的加州地理位置类似。其实 "硅溪" 和 "硅谷" 也有异曲同工之妙, 在阿拉伯语中Valley的近义词是Wadi, 因此特拉维夫的高科技地带也被一语双关称为 "Silicon Wadi"。

每每谈到 "硅溪", 很多人都会用 "Good Ecosystem" (优良创业生态) 来形容其创业环境。的确, "优良创业生态" 这个词几乎是特拉维夫的最佳概括, "硅溪" 这条优良创业生态河流里汇聚了数以百计的国际顶级高科技公司, 他们在这里创办研发基地, 包括大众熟悉的英特尔、IBM、谷歌、脸书、微软、摩托罗拉等。可想而知, 为了跟上国际公司的脚步, 许多以色列本地的高科技公司自然而然选择 "硅溪" 作为基地。不仅如此, "硅溪" 还有其特色的咖啡馆文化, 许多公司的管理者都喜欢泡在咖啡馆里工作。设想如果你是一名创业者, 大可以约大公司的CEO在咖啡馆见面, 介绍自己的产品和创意。在特拉维夫这个永不止步, 创意点子层出不穷的城市, 陌生人随时随地都能相谈甚欢, 碰撞出创业的火花, 这也得益于特拉维夫独特的人际关系和文化氛围。

特拉维夫市政府为营造优良的创业生态环境不遗余力, 如共创空间。早在2011年, 特拉维夫就为了完善创业生态系统, 专门接手了一座位于市中心的旧图书馆，并耗资修建成专门为创业者、企业家提供帮助支持的空间，麻雀虽小但五脏俱全，办公区、会议室、讲座区都规划出来，甚至还有厨房，而且租金十分便宜，换算下来一个月只需人民币400元左右。在特拉维夫40来个共创空间内，可以看到无数的创业者为公司寻找好的合作伙伴，与各个企业家进行深度交流，获取有用的信息和资源，定期还会有各类专家讲座论坛、投资人见面会、创业咨询等活动举办，这对企业家创业的帮助无疑是巨大的。创业者之间的交流，包括失败案例分享，对于创业者都非常重要，特拉维夫每年还会举办创业失败者大会，给创业者带来"前辈"的经验。创业者可以在其中一步步完善自己，进入下一个发展阶段。不过，在这40多个共创空间里，只有5个是由市政府赞助的，其余大多数都是私营共创空间，例如大公司孵化器项目下设立的共创空间。市政府提供的共创空间与私营的共创空间不同在于政府并不会向初创公司投资，而是为其提供一个廉价却充满商机的平台。也正是如此，才能有无数的高新技术公司在竞争中迅速成长，重视在失败中吸取的教训，通过多次的实战来累积经验，共同营造出良好的创业氛围。

除了共创空间，特拉维夫市政府还下功夫集中了许多创投基金、世界一流的研发中心、新创企业孵化器、加速器。在特拉维夫，毫不夸张地说，有200多个大大小小的创业孵化器和加速器，最为著名的当属微软的创业加速器。再者，特拉维夫市政府还设立了一揽子的优惠与鼓励政策，通过"创业签证"，更是让全球各地的创业者慕名而来。

拥有了良好的生态环境，优秀企业涌现也就水到渠成了。自20

世纪60年代起，高科技公司如依赛通信、塔迪兰、ELRN公司等开始接连出现在公众眼前。但当时的"硅溪"由于受到军工企业的影响，更像是一套军工企业体系。随着军事技术上的完善，从而普及了军事技术在民用产品上的研发，包括Scitex的数字打印系统，以及Elscint的创新医疗影像技术等。到20世纪80年代，"硅溪"开始出现了一系列的软件公司，并且在随后的十几年内迅速占领部分国际市场，国际上也对以色列的创新意识予以高度关注。值得一提的是，1993年奥斯陆和平协定的签订，为以色列提供了良好的投资环境保障，从而使"硅溪"成为令人瞩目的高科技产业聚集地。21世纪初，"硅溪"的数千家创业公司如雨后春笋般出现。自此以后，"硅溪"的发展速度之快令人瞩目，为特拉维夫成为创业之都打下了坚实的基础。

"硅溪"的成功在许多方面印证了特拉维夫这种自下而上的创业生态系统，确实是不可替代的，这座城市的独特魅力在于它完善的基础设施、丰厚的奖励措施、优良的创业环境等，也难怪它被《华尔街日报》评为世界第二最具创意的城市。

（二）特拉维夫创客成功的奥秘

可以说，全球范围内，在创业方面能够与美国硅谷平起平坐的城市就是特拉维夫。作为以色列的经济和科技中心，特拉维夫占据以色列60%以上的创新种子公司，这里每年有40多家创新企业被谷歌等高科技公司收购，并被誉为"欧洲创新领导者"和"仅次于硅谷的创业圣地"。那么，如此骄人的成绩又是在一个怎样的大环境下造就的呢？以下对特拉维夫成功的奥秘进行分析。

1. 军队是创客的摇篮

以色列自建国以来，与周边国家大大小小的矛盾层出不穷，因此，用强硬的政治、军事手段来保卫国家显得尤为必要。正因如此，以色列一开始在其中投入了大量的资本用来研发军工技术，并且应用到最前沿的军事国防领域。也正是军工技术的发展和广泛应用，在军用与民用间便产生了创新的活力，以色列注重军用与民用两者之间的联系和转化。在以色列，可以说军队就是创业学校，这是因为，在以色列，高中毕业生都必须服兵役，在军队归属技术部门的年轻人，都要经过6个月的密集电脑培训，课程多样，目的是让这些年轻人更富有创造力。其中最出名的单位便是以军的Unit 8200，这个单位主要负责收集情报，但是在这里产生了无数的技术革新和发明创造，最后从军用产品转入民用的数不胜数。在这个单位培训的年轻人退役后很多都成了创业家。例如被谷歌以11亿美元收购的位智（Waze）的创始人，就是在Unit 8200接受的技术培训，再例如以色列技术巨头NICE系统公司、Comverse公司和捷邦公司都是Unit 8200毕业生用在军队中发明的技术创建的。

军队的磨炼不仅让以色列的年轻人掌握了军工技术，更培育了他们不断创新和突破的本领，同时，军队的严格训练，使年轻人掌握随机应变的能力并培养了刚毅不屈的品行，从而能临危不乱地面对创业上的难题和风险。这恰恰是身为一个创业者最需要的东西，俗话说商场如战场，虽没有真实的硝烟战火，但也是拼得你死我活，所以时刻有着冷静和充满创新的头脑，对于设计一个产品乃至成功创办一家公司都是无比重要的因素。

2. 大学是创客孵化器

在以色列，人们可以在非常早的时期创业，学生在学校就被鼓励进行各种创新。在以色列的大学里，甚至高中，创业课程都是十分常见的。在课堂上学生被鼓励提出各种创业点子，一年课程结束时，很多学生就已经有了初步的创业想法。一些创意造就了成功的企业，这说明学校在学生创业上的引导和成功也起到了关键作用。以色列的每一所一流大学都有自己的孵化器机构或者创新创业教育中心。如特拉维夫，科技混搭是其高校创新创业的一个典型现象。如果一个优秀的创业项目出现，政府的孵化器也会早早地介入，并且将科研发明等学术成果投入应用和开发。学生们的创意理念和研究成果可以极早被重视，某种程度上可以营造出竞争氛围，激励更多学生进行头脑风暴，提出更好的创意。

不仅学生可以获得充分的帮助和支持，以色列大学里的教授等科研家和创业者的指导者，也能拥有自己的研发团队和公司。在授课的同时，也能创业，不论年龄、资历、性别，只要有想法，都可以立即行动起来，这也是特拉维夫创新的特色之一。

据统计，尽管以色列的初创创新企业在2009年就达到3850家，相当于大约每1844个以色列人中就有一个人在创业，但其教育水平也非常高，硕士和博士占全国人口教育结构的比例也很乐观，这也说明了注重创业的同时，以色列依然注重教育。

3. 弱关系形成创新思维

特拉维夫土地面积小，人口也不多，人与人之间的社交网络比较简单，大家很多都彼此认识，这在某种情况下是个有利的条件，因为这意味着其社会网络的亲密性，人们充满创意创新的想法和理念可以以极快的速度传播，好点子在朋友间迅速传播，投资计划也就在这一层层传播中产生。实际上，弱关系是创造力的因素之一，因为特拉维夫为创业者提供了广阔的社交圈，反过来也使特拉维夫成为具有创新力的城市。

普林斯顿社会学家马丁·吕夫对企业家的私人关系的重要性进行了研究。他对斯坦福商学院的766名已经成功创办公司的毕业生进行了访谈。奇怪的是，这些企业家绝大多数的交际圈都比较小，他们的好朋友可能是来自同一地方且兴趣爱好相似。可以看出，这些企业家并没尽可能地去跟各种圈子的人建立联系，而是选择身边的朋友或熟悉的人来建立关系。但是，还有一小群企业家，他们愿意去跟各种不同公司的人建立大量的弱连接关系，而不是待在舒适区内，只跟认识的人或朋友的熟人往来，这些企业家的交际圈很大，他们善于结交新朋友，而多姿多彩的社交网络也会反馈给他们意想不到的合作与互动。最后他们又从创新的角度对每位企业家进行了分析，结果表明，后者，也就是弱连接关系众多的企业家的创新能力增加了3倍。

特拉维夫在这一方面做得很好，作为一个服务型政府，特拉维夫一直鼓励每个公民扩大自己的社交圈，举办各类创业创意交流活动，出台各类优惠奖励政策吸引人才前来。以色列的军队政策更是做出了不少贡献，大多数55岁以下的男性每年都要在部队进行为期几个星期不等的服务活动，而这也使整个国家都处在一个巨大的弱关系网络中，更别说作为以色列创业中心的特拉维夫。每个人都应该认识到，单凭一个人，好的想法和理念是很难迸发的，真正具有创造力的思想源于与我们结识交流的人们，在特拉维夫这个拥有遍布街角的咖啡馆的城市，企业家、创业者随时随地都能和新结识的人聊上几句，这种互动有时能创造出可以带来可观效益的新概念，碰撞出创新的火花。

4．创客活动和服务

作为创业之都的特拉维夫，举办各种创业活动是其最大的特色之一。每年这里都会举办几场大型创业活动，不同于其他城市创业活动的激烈竞争氛围，特拉维夫在活动期间具有一种神奇的节日气氛。海报、横幅、气球都离不开创新、创业、科技三个关键词。街边的广告也一致地换成有关活动的主题，这种奇妙的团结让其创业活动吸引了来自全球各地人才的关注。特拉维夫举办的创业活动在世界有着表率作用。其中，活动规模最大的当属特拉维夫创业公司开放日（Startup Open Day），这个活动在每年的9月底到10月份之间举办，活动时间在一周左右。在开放日内，特拉维夫的所有创业公司都会热情邀请来访者参观，开放时间从白天到晚上10点。整个形式更像是一个展览会，这些公司都把自家最得意、最有含金量的产品成果展示出来。并且各公司都十分注重交流合作，还会不定期开展小型的招待会，作演讲和问答，让其公司理念更加深入人心。在开放日期间，每天都有数十场演说或者参观机会，同时每天都有两三个关于创新创业的活动和会议，且都是较为新颖的话题。来参加的创业者每天都奔波在不同公司之间，欣赏产品、分析公司前景，效率很高。也正因如此，创业者可以结识更多三观相符、理念一致的合作伙伴，在交流中碰撞出新的创意火花。

上文提到的共创空间，任何具有创业想法的人，都可以经过面试进入空间，享受空间提供的一切资源和服务。除此之外，特拉维夫市政府还专门建立了名为Tel Aviv Startup City的网站，旨在为创业者提供所需的信息。同时还会提供很多关于创业方面的服务指导、一些基础的培训和咨询等，这样的服务基本是不收费的。可想而知，特拉维夫是真正在给每一个人创业的机会，在这样一座城市里，走几步就有咖啡馆，坐下来就能与周围的人进行交流，一起参加创业活动，带着自己的创业理念，说不定与你相谈甚欢的人已是哪个公司的成功人士。特拉维夫成为全世界充满理性的创业青年和狂热的科技达人们一心想要"朝圣"的城市，"中东硅谷"的称呼当之无愧。

第二节 产业型创客中心

一、奥斯汀

奥斯汀，美国得克萨斯州首府、特拉维斯县县治，气候宜人，植被丰富，环境优美，连续25年被美国植树节基金会授予"美国树城（Tree City USA）"的称号。

得州大学奥斯汀分校是美国最负盛名的公立常春藤院校之一，坐落于市中心得州议会大厦的北面，其石油工程、会计学在全美高校中排名第一，是奥斯汀孕育精英的摇篮，向社会源源不断地输送高水平人才。

奥斯汀生活成本低且就业率高，吸引了大批高科技企业和先进人才落户，带动其半导体和计算机产业迅猛发展。因其位于丘陵地带, 拥有众多尖端ICT(信息通信技术)企业, 奥斯汀及其周边地区享誉"硅丘(Silicon Hills)"之称, 与硅谷遥相呼应。

ICT产业之所以被列为产业型创客中心, 是因为它是奥斯汀的典型支柱型产业, 跨越了从生产到研发再到创新创业三个发展阶段。奥斯汀能成为美国ICT产业重要的研发创新中心, 恰是在于其成功实现了重大转型过程——从生产"制造"转型为创新"智造"。

(一)发展现状

近些年来, 奥斯汀市的经济活力十足, 其经济增长亦是遥遥领先于美国其他城市。在奥斯汀这片土地上, 云集了大量高科技公司和世界知名企业, 拥有戴尔的总部以及IBM、英特尔、摩托罗拉和三星等国际型大企业的分部, 还有著名厂商如惠普、三星、苹果、ARM等在此设厂从事研发生产。在这里, 有着全美第一家产业创新联盟——美国微电子和计算机技术公司(MCC)、美国半导体制造技术联合体(Sematech), 还有世界顶尖的公立研究型大学得州大学奥斯汀分校不断输送创新型科研人才, 奥斯汀在ICT领域把科学、技术、生产紧密地融为了一体。IBM在奥斯汀设有全球第二大研发中心, 且已连续7年成为其全球专利数量最多、质量最高的研发中心。

2009年美国金融危机肆虐之时, 各州经济一片萧条, 而得克萨斯州在奥斯汀的力挺下一枝独秀, 依然实现正增长。据美国联邦数据统计, 奥斯汀在2015年经济增速排全国第二。凭借着各类风险投资资金的支持, 创新创业在当地蓬勃发展。奥斯汀以中小企业创业而著称, 据不完全统计, 2010年, 在大奥斯汀地区的创业投资占全美的15%左右,仅次于加州硅谷地区。2014年,风险投资达到6.2亿美元。2016年,奥斯汀有46家创新创业孵化器,5500家高科技公司,风险投资达8.3亿美元。

在2007到2011年间,奥斯汀地区申请专利数量达2497个,在全美358个城市中排名11;其中,ICT部门获得的发明专利数量占全美的比例情况如下表所示:

表5-1　奥斯汀ICT创新发明专利情况(2007~2011年)

ICT部门	占全美比例
计算机制造	24.10%
软件	13.00%
通信设备制造	12.30%
数据处理	10.20%
信息存储	7.90%
半导体制造	7.70%

数据显示,奥斯汀ICT部门的创新创造在美国出类拔萃,有着强大的创新实力和活力。

美国智库布鲁金斯研究所曾对美国的几个大都市群进行过研究,结果显示,奥斯汀在ICT产业领域内的技术创新能力名列前茅,仅位列硅谷和波基普西(纽约都市群)之下,已然成为继其之后,美国乃至全球新的ICT产业创新中心。而在奥斯汀的外来企业日渐被本土企业所取代,本土企业渐渐成为奥斯汀技术创新的活力源头。在布鲁金斯十大繁荣大都市的研究中,在2009至2014年的5年间,按人均财富和人均GDP排名,奥斯汀的经济增长仅次于硅谷,名列第二,其繁荣程度仅次于硅谷和休斯敦,名列第三。

(二)创客环境

1. 优美的自然环境

奥斯汀整个城市的文明都孕育于星罗棋布的天然湖和当地知名的科罗拉多河流之中。市政府对于保护自然环境极为重视,整座城市植被丰富,环境优美,已经连续多年被评为"美国树城"。除了天然美景,市政府还建有绵延数公里的绿色地带和大大小小的公园等硬件设施,很好地满足了人们各式各样的户外活动需求,如远足、划船、钓鱼、野营等。

其无与伦比的日落之景也让奥斯汀享有"日落之城"的美誉。

2. 低廉的生活成本

奥斯汀没有州收入所得税和地方个人收入税,消费税率低至8.25%;与寸土寸金、房价高企不下的湾区硅谷相比,奥斯汀地多人少,房价、租金低廉,是创业、宜居的天堂。在奥斯汀,居民收入与房价比约为1∶4.4,一个距市中心20分钟的三居室或四居室学区房,价格在35万到40万美元之间;与之相较,硅谷、旧金山等科技创新城市的房价是奥斯汀市的两倍甚至更多。正是极其低廉的生活成本,使奥斯汀成为许多创业者和就业者心中的理想圣地,平均每天就有100个人迁入奥斯汀。

3. 有活力的文化环境

除了优美的自然环境和低廉的生活成本,有着"世界现场音乐表演之都"之称的奥斯汀也极具浓厚的文化艺术氛围,其娱乐生活更是多姿多彩。在奥斯汀,最为人们所熟知的是两个一年一度的全国性大型音乐节SXSW和ACL。在长达一周的SXSW音乐节上,会举办多达2000场演唱会；ACL音乐节则是一场持续三天的混合艺术音乐盛宴。ACL规模浩大，有8个舞台，音乐类型包括摇滚、独立、民谣、乡村、电子和嘻哈，满足各类人群的喜好；而且表演阵容不乏巨星级的歌手，让乐迷们一饱耳福，每年都吸引几十万人从全国各地赶来参加这场盛会。

音乐与科技碰撞产生的混响在奥斯汀的上空飘荡，狂野不羁的音乐嬉皮士与貌似沉闷古怪的电脑极客相互影响，成就了奥斯汀人创新求变、与众不同的行事风格。

奥斯汀的风险投资合伙人约翰·桑顿曾指出，音乐已经成为城市气质的一部分，甚至可以说是这个城市的品牌。正是音乐为奥斯汀吸引来了更多渴求创业的人，也为当地企业源源不断地带来了更多的优质人才。

4. 安全的社会环境

干净又安全的社会环境让奥斯汀在与纽约、华盛顿、休斯敦这些大城市的比较中显得更为突出。

5. 有利的政策环境

奥斯汀市政府在吸引高科技人才的政策方面下足了功夫，不仅投入巨额资金，还设有创新办公室，任命曾在美国国务院工作的国务大臣凯瑞·奥康纳为首席创新官，提供研究、咨询和战略设计服务。为提高产业的竞争力，同时保证美国半导体产业的龙头地位，奥斯汀市政府还曾于1987年主导了政府—企业合作产业技术创新联盟，即Sematech的成立。

（三）经典创客——戴尔

戴尔有限公司成立于1984年，是目前全球ICT产业的龙头企业，全球领先的IT产品及服务提供商，因生产、销售家用及办公电脑而名声大噪，兼营产销服务器、数据储存设备、网络设备等高性能电脑。

戴尔公司的特点是善于聆听，有效地发掘客户需求，针对客户的需求制造计算机，再直接销售给客户。这大大减少了金钱成本和时间成本，这种零中介的直营商业模式让戴尔公司能在行业竞争中，以极低的价格为每一位消费者定制个性化的高配置电脑。

戴尔公司创始人迈克尔·戴尔是美国犹太人企业家，1965年2月23日出生于休斯敦。12岁那年，小戴尔首次感受到"零中介"的力量并从中获利。当时休斯敦的收藏品市场非常活跃，但限于当时的技术条件，邮票收藏品的交易一般由中间商或拍卖会来进行。小戴尔发现了其中的商机：倘若自己举办一场小型拍卖会，则不仅能省去向中间商购买邮票的差价，还可以从中赚取一笔佣金。随后，小戴尔付诸实践，进行第一次生意冒险。果不其然，小戴尔的想法帮助他赚得了人生的第一笔财富，而更出乎他意料的，是这一笔钱竟多达2000美元。除了丰厚的金钱回报，小戴尔还深刻认识到了直销的好处，获益良多。

17岁那年，戴尔已经发现了个人电脑的成本与售价之间巨大的鸿沟。一部市面售价3000美元左右的IBM品牌PC机，其制造成本大多只需要六七百美元；但因为中间存在多个中间商环节，一层又一层地瓜分掉了巨额的利润，抬高了市价。戴尔曾多次把电脑拆解、升级，所以深知这种不合理的现象。他从中看出了巨大的商机，于是他决定自己买电脑零件，将其进行装配或升级后再出售给他人。也因此，戴尔获得了一笔很大的财富。

所以，戴尔后来成立公司后，也一直秉承消除冗余的中介这个理念，直接与上游零部件供应商打交道，再把成品电脑直销给顾客。戴尔公司的所有过程都简化掉了低效无益的中间人环节，印证了公司的口号：我们是"直接到顶"。

在戴尔18岁时，迫于父母的压力，他不得已选择了去得克萨斯大学奥斯汀分校学习医学。也正是在这里，戴尔正式开始了他的创业旅程。后来，为了包揽得州政府公开招标的工程，戴尔在当地申请了企业执照。由于他可以用极低的价格、功能更强大的机型来满足招标方的需求，因此接二连三地中标。

再后来，戴尔父母发现了他"不务正业"的行为，并对戴尔欲与当时美国乃至世界电脑业如日中天的巨头IBM一较高下的"妄念"表示强烈反对。但戴尔并未因此而放弃，他坚信PC将成为20世纪最重要的工具之一，而依靠其高性价比服务的直销创新模式势必能使自己成为这个行业的领头人。戴尔毅然决然地坚持着这条道路。

1984年5月，"戴尔电脑公司"正式登记设立，通过老顾客口口相传的好口碑以及戴尔在报纸上刊登的小广告的宣传，公司的生意蒸蒸日上。在当时的奥斯汀地区，戴尔公司的业务价值已不下10万美元。

随着生意的持续扩大，戴尔发现有限的课余时间远不足以支持他的事业，所以他不顾后果，径自办了休学。结果证明，戴尔的选择给他带来了辉煌的成就。

戴尔选择休学后的第一年里，公司的年营业额超过了7000万美元，远远超出所有人的预料。

但戴尔很快就发现，这种"借鸡生蛋"的经营模式终究有极限，只有创造出属于自己的电脑，才有可能与IBM匹敌。随后，戴尔公司开始创新研发之路，设计、生产和销售产品。

1985年，戴尔的团队推出了第一部自行设计的286芯片组PC机——Turbo，开始引领ICT界创新潮流。

1994年，随着互联网使用人数的日渐增多，使用范围日渐扩大，戴尔公司凭借其高瞻远瞩的目光，率先打造了"www.dell.com"网站，通过与互联网技术的结合，开启了其直线订购、直线销售的商业模式，也由此巩固了戴尔公司在业内的领先地位。

回顾戴尔的成功之路，奥斯汀舒适优美的自然环境、低廉的生活成本、安全的社会环境、有力的扶持政策对其举足轻重，让戴尔可以心无旁骛地创新创业、发家致富。

二、斯图加特

斯图加特，德国最知名的城市之一，位于德国西南部的巴登-符腾堡州中部的内卡河谷地，是巴登-符腾堡州的州府，也是该州的第一大城市、德国第六大城市，同时也是德国第九大展览中心，有著名的斯图加特贸易博览会。

斯图加特地区因其汽车产业而闻名，是全球汽车产业的发源地，有着"汽车摇篮"的美誉；这里正是世界上第一辆摩托车和汽车的产地。

这个城市不算是传统的大学城,但有各种各样的高等教育机构,包括斯图加特大学、斯图加特技术大学等,一直是富有成果的研究和创新之地。斯图加特大学不仅拥有一群世界一流的科学家和工程学家,而且有一个重要特点,就是注重理论和实验及其应用相结合,尤其在工程学和自然科学方面。政府和企业联手,在大学校园中投资建设实验室和研究所。

产业资本、科技资源与经济建设在斯图加特进行着紧密的有机结合,推动高科技成果的快速商品化、产业化。这种产学研相结合的模式,保证了斯图加特的创新活力和经济增长实力。

(一)发展现状

在德国,斯图加特拥有最高的人均收入,其失业率远低于德国其他城市。斯图加特大都市圈为德国第四大都市圈,2008年国内生产总值达344亿欧元,连续多年位列欧洲大都市圈的前20名。

著名咨询公司Mercer将斯图加特列为2015年度城市生活质量排行榜第21位;澳大利亚智库"2thinknow"的2015年全球442个创新城市排行榜中将其列为第24位。

这里有汽车产业家喻户晓的大品牌,全球第二大豪华车生产商戴姆勒–奔驰汽车公司,同时,这里还拥有其母公司——全球最大的商用车制造商——戴姆勒集团,全球最大、历史最悠久的跑车制造商保时捷公司,全球第一大汽车技术供应商博世公司;还有惠普、IBM等高科技公司,还是医药业巨头Celesio的欧洲总部。除此之外,还有着数百家汽车、电子、工程和高科技行业的中小企业。

(二)创客环境

1. 优美的自然环境

斯图加特市自然环境优美,市区坐落在丘陵环绕的山谷之中,被内卡河划分为两块。城区四周环抱着森林、葡萄园等。市内的两座宫殿、国家艺术馆构成其独具特色的人文风景。为丰富当地景观,斯图加特市政府因地制宜,在市内建立了草原、湿地等30多个各种类型的景观保护区,使得当地的丘陵景观变得独特且迷人。

又因为斯图加特有着悠久的人文历史传统,是哲学大师黑格尔、诗人席勒及诸多名人的故乡,市政府对市内及周边景观的保护远不止于自然景观保护,而是结合它们悠久的历史、人文特点,有的放矢地加以保护、强化。

2. 充满活力的文化环境

斯图加特以其丰富的文化遗产而闻名,特别是其州剧院和州美术馆,引得世界各地的游客、艺术爱好者纷至沓来。其州立歌剧院和芭蕾舞团均在国际上声名显赫。2006年,其州剧院被评为德国/奥地利/瑞士"年度最佳剧院";斯图加特歌剧曾六次荣获"年度歌剧"奖。除本土传统的歌剧院之外,时尚的斯图加特还有Apollo歌剧院和Palladium歌剧院。此外,德国最有名气的、独一无二的交响乐团之一——斯图加特无线电交响乐团,更为这座音乐城市增添一份色彩。在路德维希堡附近的路德维希堡宫也被用作音乐会和文化活动的场所。

3. 安全的社会环境

德国的城市社会环境安全排行中,斯图加特市名列前茅。在

2003年，每10万居民中仅发生了8535起犯罪行为（德国同期平均值为12751起），且60%在当年结案，效率全国排名第二，仅次于纽伦堡。2006年时，斯图加特安全指数排名全国第二，仅次于慕尼黑。

4. 强大的科研支撑

该地区目前拥有德国密度最高的科学、学术和研究机构。斯图加特注册的专利和设计数量在德国位列第一。德国11%以上的研发费用投资于斯图加特地区（每年约43亿欧元）。除了几所大学和学院，该地区有六个弗劳恩霍夫研究所、四个校内产业协同研究所、两个Max-Planck研究所和德国航空航天中心（DLR）。

5. 活跃的交流氛围

在斯图加特举办的一年一度的德国国际工业自动化暨工具展览会，是装配、传输及自动化领域的世界第一大展会，是唯一专门针对工业工程及自动化的各个方面，把传输技术和物流、精简和处理技术以及各种工业处理等先进技术组合起来，为生产提供解决方案的专业展会。

（三）经典创客——奔驰

世界上最成功的高档汽车品牌之一——奔驰汽车就诞生于此。

前身为戴姆勒-奔驰公司的梅赛德斯-奔驰，是德国戴姆勒公司的一个全球汽车制造商。在19世纪末，德国有两家全球最大的汽车厂商，一家是卡尔·本茨创立的奔驰汽车公司，另一家则是戈特利布·戴姆勒主持创建的戴姆勒发动机公司。1926年，两家对立竞争多年的汽车厂商宣布合并，更名为戴姆勒-奔驰汽车公司。

1844年11月25日,汽车之父卡尔·本茨诞生于德国符腾堡的卡尔斯鲁厄(现今巴登-符腾堡州第二大城市),他是一个火车司机的儿子。卡尔·本茨幼年丧父,1853年开始在专科学校学习,后来经人推荐进入当地的理工大学读书。

1871年,卡尔·本茨在曼海姆(现今巴登-符腾堡州第三大城市)与人合伙成立了一家铁器铸造和机械工厂。在厂里,为了代替马力来拉车运输器材,他发明了世界上最早的空气压缩打火发动机,并命名为本茨式发动机。不幸的是,卡尔·本茨的机械工厂由于经营不善最终不得不关门停业,也由此,他决定投身于当时前景广阔的发动机制造领域。1879年,成功制造出世界上第一台单缸两冲程燃煤发动机的卡尔·本茨却进入了人生的最艰难阶段,因为没有人知道他的成果有何用处,他也因此而穷苦不堪。

正是由于先前的多次失败,卡尔·本茨深刻地意识到一个问题:没有具体应用的发动机无疑是失败的,也不会产生任何商业意义。随后的1883年,奔驰燃气发动机厂公司成立。1885年,几经周折的卡尔·本茨首次研制出汽油发动机,并将其用作三轮车的驱动,成功造出了世界上第一辆"汽车"。1886年1月29日,本茨在柏林皇家专利局为这辆三轮汽车申请并取得专利。迄今,这辆极具历史意义的奔驰专利1号还存放在慕尼黑德意志博物馆里。1888年9月2日,本茨改进后的发明成了慕尼黑博览会万众瞩目的焦点。奔驰汽车声名鹊起,引来了大批订单,44岁的卡尔·本茨终于迎来了人生的春天,德国第一家汽车制造厂也逐渐声名远播。到了19世纪末,奔驰公司跃身成为世界上最核心的汽车生产公司。

1886年,同样在斯图加特的另一位工程师戈特利布·戴姆勒发明了世界上第一辆四轮汽车,并在1890年设立了戴姆勒机动车公司。从此,本茨和戴姆勒分别主持创立的两家公司,成为德国最大的两家汽车商。

一战爆发后,德国经济萧条,美国工业快速发展。1926年,为了同美国汽车业竞争,保护市场份额,两家公司决定由对立走向合并,取名"戴姆勒-奔驰汽车公司"。

近百年来,戴姆勒-奔驰汽车公司在技术上不断创新,在质量上严格要求,在市场竞争中始终立于不败之地。20世纪50年代初,他们研制改造了安全系统,制造出世界上第一个安全车身,即框形底盘承载式焊接结构。60年代,他们研制出ABS刹车系统,用电子技术控制车轮。70年代,为研制"190"型小轿车,奔驰公司耗时7年,仅后车轴一项的研发费用就达到了10亿马克。

卡尔·本茨当年不辞艰苦、不言放弃、不断发明的精神一直激励着奔驰公司,并由此形成了治厂的三大法宝,即不断创新的技术、一流的产品质量、完善的售后服务,这些都使得奔驰公司有口皆碑,极大地巩固了其在世界汽车行业的领先地位。

回顾奔驰公司的成功之路,斯图加特舒适优美的自然环境、安全的社会环境、开放活跃的交流环境,均是强有力的助推器。

第三节　服务型创客中心

一、伦敦

英国首都伦敦是英国的政治、经济、文化中心，也是目前欧洲最大的城市，著名的旅游胜地。这里是创客的天堂，星罗棋布的创客空间分布在城市的大小街道，为各领域、各年龄段、专业非专业的创客提供着所需原材料、基础设施、各种教程以及思想碰撞的机会，激发着人们的创造力和灵感，点缀着这座历史悠久却又充满活力的城市。

（一）发展现状

提起创客，人们首先想到的就是"高新科技""未来""创新"。而在伦敦，创客似乎显现出了不同的内涵，在这里，创客活动的动机似乎更加单纯，许多人并不是一开始就有着非凡的创意并希望转化为现实，而仅仅是因为喜爱与体验便涉及这一领域，内容也不全像硅谷那样充满了改变世界的野心。除了一些科技含量较高的作品，也有诸如制衣、木工活、制作家具、制作视频等简单的小制作。在这里，创客并不是高大上的词汇，哪怕是一台小机器、一张桌子、一件衣服，只要有新意，让生活变得更多彩，人人都能成为创客。

提到伦敦的创客，一个绕不开的话题就是这里的创客空间，服务型创客中心提供服务的载体便是它们。根据搜集到的英国所有注册创客空间清单，在全英国有120多家创客空间，仅在伦敦市区便散布了近30个。众多创客空间为创客提供着各式服务，这也是伦敦成为服务型创客中心的重要原因。创客空间为本身具有经验的参与者提供所需的原料和基础设施如木料、金属、激光切割机、3D打印机、各类计算机等，还会为刚涉及这一领域的新人提供课程学习与专业指导。创客空间大多为非营利机构，只需一些基本费用来维持运转。收费方式分为两种：会员制和每次现场付清，费用不会太高，创客的负担不会太大，还会对会员的作品进行商业推广，有的还能够投入生产。

这些创客空间能够长时间维持运转并发展壮大，离不开伦敦这座城市社会各界的大力支持。各种各样的社会组织、委员会、基金、大学都对这些创客空间进行了资助。政府也不例外，2013年，1470万英镑被投资于英国的3D打印开发项目。第二年，政府宣布再追加1亿英镑的投资，对供应链进行加强，旨在吸引英国正处在海外的制造企业回流，这对创客空间的发展构成"重大利好"。非政府组织方面也进行了大力支持，英国国家科技艺术基金会作为英国最大的支持创新发展的非政府组织，于2012年底与多个机构合作创立"数字创客基金"，为多家与创客相关的机构提供资助，促进了创客空间的发展。

以"黑马工坊"的创客空间为例，它的资助者里有具有官方色彩的伦敦市长外部基金和非政府公益组织英国文化委员会，注重传统文化传承的公益组织英国遗产基金，民间组织创新匹配基金。这也从侧面说明了这些创客空间在活跃社会创新氛围、培养青少年的实践能力和创新意识上发挥了重要作用，因此受到社会各界的青睐与支持。

随着创客空间的发展，一些组织展开行动，通过建立覆盖整个英国所有创客空间的资料库，将所有创客空间的条件与基本信息进行分类整合。英国国家科技艺术基金会进行了"英国创客空间开放数据集"计划，为英国商业创新与技术部等机构及研究人员提供有用的参考信息。这大大方便了创客，他们可以根据自己的需要直接找到符合自己想法的平台，为自己进行创造、施展才华提供了方便。

（二）文化理念

伦敦之所以成为服务型创客中心，所依赖的绝不仅仅是社会与创客空间提供的软硬件服务，还有文化理念与文化氛围。通过了解伦敦市所有创客空间的理念，可将其大致归纳为以下三点。

1. 实践

对于创客来说，实践能力或者说动手能力是十分重要的，在动手的过程中也会启发大脑产生更多的想法。伦敦一家创客空间"Create Space London"的理念生动凝练地概括了这一点："手是大脑的前沿"（The hand is the cutting edge of the mind）。

2. 合作

创客空间之所以区别于生产车间，原因在于它不仅是个工作地点，更是一个大家庭。"我们不只是一个工厂，我们也是一个社群。"（We are not just a workshop, we are also a community.）著名创客空间"South London Maker Space"的口号很好地揭示了这一点。社群观被各创客空间与创客信奉，创客空间同时承担着社交平台的职能，经常性地组织活动和组织会员间聚餐以增进会员间的感情。这大大促进了成员间的合作，增加了乐趣与归属感。

3．个性与独创

每个创客空间都支持个性化发展，鼓励其成员发挥自己的创造力，制作出跟别人不一样的东西。创客空间Makerversity的理念最具代表性，"起步是因人而异的，不同的想法需要不同的帮助和不同的目标，我们帮助成员到达他们想要到达的地方，而不是别人认为他们应该去到的地方"。正是有这种对于个人特质与想法的尊重，才促成了创造力的迸发和涌动。

（三）创客空间案例呈现

服务型创客中心的缩影在伦敦，伦敦创客的缩影在创客空间。下面将具体选择一些位于伦敦的具有代表性的创客空间来阐释创客空间的运作，说明服务型创客中心的模式是如何为创客提供服务的。

以伦敦著名的Makerversity平台为例，Makerversity位于伦敦中部，泰晤士河旁，环境极佳，是伦敦市内规模最大的创客空间，最多时可容纳250名成员同时工作。

1．平台理念

一方面，为专业的创客提供上乘的环境、不同种类的工作室、原材料和工具。通过该平台，将拥有不同才能和创造力的伙伴聚集在一起。另一方面，提供学习项目给年轻人，激发下一代的创新与实践思维。每一个该平台的成员都有机会在项目中扮演一个积极的角色，学员被鼓励传授经验与才能给他人。

2．运作模式

Makerversity采用会员制，比起传统的会员制更加灵活。针对不同人群提供不同的服务。会员分为全时会员和即时会员两种。两者的区别如表5-2：

表5-2　Makerversity全时会员和即时会员的区别

	全时会员 （Full time membership）	即时会员 （Roaming time membership）
价格	325镑/月	200镑/月
工位	永久独立工位	公用办公桌
准许时间	全天24小时	60小时/月
权限	所有工具机器	所有工具机器

即时会员的推出使得一些本身从事其他职业的非专业创客也能够投入到发明创造中，极大推动创客事业的发展。

3．基础设施

基础设施分为手工、数码、纺织缝纫、集会四个工作室。

手工工作室：制作木工、家具等制品的工作室。各种机器、工具、零件、工作台都十分齐全，拥有自己的数控机床。专业人员维护。成员们做着体力耗费较大、可能弄脏双手的工作，将头脑中的理念带入生活。

数码工作室：提供一个清洁的环境给成员制作自己的电子元器件与产品，设施齐全，激光切割机、扫描仪等一应俱全。同时配有多名技术人员提供建议与支持。

纺织缝纫工作室：爱好服装的成员在这里设计自己的款式并亲手制作服装，工作室的设施均是工业生产中使用的。

集会空间：Makerversity是一个没有固定用途、开放随意的地点。创客成员可以在这里讨论和制作计划并找到需要的原料与零件。

Makerversity的基础设施十分完善，伦敦的众多创客空间也都有着完善的基础设施，为伦敦成为服务型创客中心奠定了基础。

4. 平台特色

拥有前卫的理念以及先进完善的基础设施，这一点许多创客空间也能够做到，但真正让Makerversity脱颖而出的是它独具特色的一些项目，这些项目显现出它对新人与下一代的帮助与扶持。

（1）Makerversity DIY：以Makerversity为先驱，首先推出动手实践教学课程。这个项目是开放式的，任何有一技之长的创客都可以开课成为老师。项目理念是"核心知识，新的技能"。平台教会老师采用更易于让人感兴趣与接受的方法让学生尽快上手制作出心仪的作品，并学习到数学、物理、计算机等学科知识。课程有趣，涵盖面广，例如："怎么使用3D打印机制作家具和工作用具""制作自己的显微镜""设计自己班的班服""制作自己的互动墙"等。同时价格低廉，提供原料、设施，指导老师的一节课程仅仅需要20多英镑，折合人民币200元左右。这个项目的运作提高了年轻一代的动手能力与创新意识，发掘了潜在创客，形成了良好的社会声誉。

（2）MV works：一个实验性项目，帮助已经有想法的创客，无论是艺术、技术人员还是设计师，去达成自己的目标，将想法转变为现实，并进行商业推广。类似于一个孵化器，只要想法具有足够的创造性，都能够得到该平台的支持，包括启动资金、人力、各种设施和工具。

截至2016年，该项目已经有60个正在孵化的计划和想法，170个人参与其中。这个项目受到英国文化委员会和创新英国的资助，并且通过了文化与技术先导计划，该计划旨在探索支持艺术与科技创新的新方法。Makerversity是它们资助的三个机构之一。

（3）Under 25s：每三个月会给予两个25岁的年轻创客免费会员资格，提供办公地点和工具去完成一个商业项目。会员意味着拥有工坊、制造工具和与其他250名创客一同工作的机会，这对年轻的创客是极大的锻炼。

可见Makerversity的运作模式是相当成功的，不仅有成熟的理念、完备的基础设施，针对成熟创客、年轻创客和社会人群都有针对性的方法去进行服务，又有官方背景的机构或社会组织在资金上的支持。

在伦敦，像这样的创客空间还有很多，它们是伦敦服务型创客中心的"细胞"，是为创客提供服务的具体载体。在传承传统技艺、活跃创新氛围、提高下一代的实践能力与创新意识上都发挥了重要作用。

（四）创客服务平台案例呈现

对于创客来说，选择适合自己的平台是很重要的，这样才能尽可能地找到跟自己志趣相投的同伴以及与自身项目对应的资源。但随着创客平台如雨后春笋般快速发展壮大并遍及整个英国，创客开始眼花缭乱、目不暇接，在信息不完全的情况下不知如何选择适合自己的平台去施展自己的才华。

一些机构开始对这些创客空间进行调查与研究,并根据基本信息进行分类与整合,再将其研究成果发布出来供人们参考与选择。

革新基金会的研究就是其中一例,它的目标是创建一个开放的数据库,描述英国现有的创客空间的情况,如"在哪里""做什么""提供哪些资源""是怎么运作的",这些数据资料不仅能够为创客提供信息,以便其做出合适的决策,同时也为政府了解创客发展情况制定政策帮扶以及为学者研究提供方便。

目前的研究已初见成效,数据库已纳入全英国120多家创客空间的基本信息,包括位于伦敦的20多家。

创客可以直接在该数据库上根据自己所需的各项条件,如服务、项目、原料、工具等进行检索,找到所有符合自己设定条件的空间,十分便捷。

二、班加罗尔

班加罗尔位于印度南部,是卡纳塔克邦的首府,人口约520万,20世纪90年代后,许多高科技公司在此建立,使班加罗尔成为印度信息科技的中心,被誉为"亚洲的硅谷"。

(一)发展现状

印度有4500家高科技企业设立在班加罗尔,班加罗尔已成为全球第五大信息科技中心,在业内人士眼中班加罗尔能够与硅谷相媲美,印度知名的印孚瑟斯公司就坐落在这里。

IT产业在班加罗尔繁荣起来,世界闻名。这里有着10多万外包员工, 还有10多万人在为其他国家的企业编写程序、设计芯片、维护计算机。其中, 印度本土公司信息系统、惠普罗是许多其他国家企业寻找外包工作合作伙伴的选择目标。

　　班加罗尔高新技术产业的迅猛发展使得大量从业人员涌入, 许多新的创意与革命性的想法也汇合到这里, 从而促进了创客文化在这里的兴盛。作为服务型创客中心的代表, 班加罗尔是同伦敦一样的创客空间, 为众多来到这里的创客提供了与志同道合者交流思想的平台, 以及将自己的想法化作现实的机会。班加罗尔一家著名的创客空间ikp eden的创始人就声称他们的团队觉得班加罗尔在工程和工业设计上有着全国最好的"生态环境", 因此落户在这里, 希望能与那些充满创造力的人们合作。创客文化与创客空间的快速发展也为当地经济发展提供着助力, 光是ikp eden这一个空间便容纳了250名创客与50多个同时进行的项目, 这些项目中的任何一个将来都有可能出成果并实现量产, 成为新一代的革命性产品。班加罗尔的模式像伦敦与硅谷的结合体, 为创客群体提供充分的服务, 创客空间与当地产业的连接十分紧密, 创客的成果转化为产品也十分快速。

(二)班加罗尔创客空间与伦敦创客空间的比较

　　从创客发展的角度来看, 班加罗尔作为服务型创客中心的代表之一, 与同是服务型创客中心的伦敦相比既有共性又存在差异。

　　共同点: 1.两地的创客空间在管理上都采取会员制, 会员在定期交纳会费后成为社群中的一员, 享受空间提供的各种服务。2.两地的创客空间都推崇独创、合作、分享等精神, 形成尊重个性、开拓创新、群策群力的良好氛围。3.都有针对业余人士进行的教学。通过这方面的培训能够发掘出具有天赋与兴趣的潜在创客,促成该群体的壮大,同时对于增强创客文化的影响、活跃整个社会的创新氛围都十分有好处。

不同点:两地创客空间对不同项目的偏好程度存在显著差异。总体来看,班加罗尔的创客空间展现出务实的一面。在伦敦,多数创客空间内的项目更多元,既有电子元器件这样易于转化为产品的项目,也有木工、缝纫、小视频制作、烘焙等较为"体验生活"式的项目。在班加罗尔,则是软件开发、游戏制作与计算机硬件制作居于主要地位。缝纫等项目数量较少,被重视程度较低,这与班加罗尔本身将高新技术作为其支柱产业,所吸纳的都是这一领域人才有关。而且项目较为专一也是一项优点,在这种方式下,平台可以投入更多资源到高新技术的项目上,使该类项目得到更多的帮助以实现更快的成果产出。

(三)具体案例探究

为了进一步说明创客在班加罗尔是如何得到帮助,成功圆梦的,以ikp eden这家具有代表性、水平也较高的创客空间为例进行阐述。

ikp cdcn的创始组织是一家叫ikp知识公园的非营利组织,它们受到美国技术工坊的启发,同时看好班加罗尔高新技术产业的发展,于是在市中心设立了ikd eden,为热爱创造的工程师和设计师提供制作产品的空间和与企业家社交的平台。该空间预计未来将容纳250名创客及运作接近50个项目。

1. 平台理念

根据会员感兴趣的领域来进行服务,内容从IT到机器人学,从医疗器械到工业设计、电子元件到平面设计无所不包,并为创客与企业家提供对接的管道。

平台的门槛不高,加入ikp eden的人不一定非要是工程师、设计师或科学家。平台既为专业人士提供服务,也不忽略初学者与学生群体,既期待善于管理的人,也欢迎愿意学习的人。要求参与者具备的只有不断学习的动力,与这座城市一样充满活力。

2. 特色项目

NIDHI-PRAYAS由印度政府科学与技术部与非政府组织企业家精神与创新协会资助,旨在为处在萌芽阶段的想法与创意提供起步所需的条件,帮助其走向成功。在此项目下,ikp eden会为目前尚处在只有想法阶段的创客提供原材料和工具,帮助他们将想法呈现出来,制造出样品。随后还会在产品推广过程中提供资金支持、技术指导和商业顾问。

项目的目标与宗旨在于建立一个平台,对可能实现并投产进入市场的想法进行快速收集和修改。产生创造性的方法用于解决国家层面甚至全球性问题,以吸引更多展现出解决问题的能力与热情的青少年。

可以看出,这个项目跟伦敦创课平台Makerversity中的MV works项目是极其相似的,都是政府与社会非政府组织共同资助,并以创客空间为执行载体,出于社会公益目的所进行的项目。

SIGMA Accelerator是项目之一,其对能产生社会效益的想法和创新产品进行支持,聚焦于清洁技术、教育健康保障、教育、卫生,能提供的资源有商业顾问、技术支持、制作模板的基础设施与工具、客户对接、协作空间等。

3. 基础设施

设备齐全,拥有金工坊、木工坊和塑料及复合材料制品间、电工用具、激光切割机、3D打印机等,创客空间的标配均一应俱全。

三、总结

上述两座城市之所以能够成功,能够成为服务型创客中心的代表,原因主要体现在两个方面:

1.无论是伦敦还是班加罗尔,在创客实践中均采用创客空间作为其组织形式及提供服务的载体,这些创客空间都是经过正式注册的机构,再由社区、志愿者或公益机构来运行。这些创客空间在前期为创客提供工作场所、基础设施与工具、同其他创客交流协作的机会,在后期将创客制作出的样品进行商业推广,使它们能够投向市场。这些创客空间在管理上十分科学,将对内严格的会员管理与对外面向公众开展活动有机结合。这个过程既提高了内部的凝聚力,降低了机构运行的负担,产生更多成果,又能在对外活动中不断扩大社会影响,吸引更多的创客或者潜在的创客加入进来,促成良性循环。实践证明,创客空间极大活跃了一座城市的创新氛围。

2.从筹资方式来看,虽然两座城市的创客空间都实行会员制,通过会费形式维持运转,但会费只是所需费用中的一小部分。在成立之初它们大多数都得到了政府、研究机构与其他非政府社会组织的资助。有许多项目如上文介绍的MV works与NIDHI-PRAYAS都是其他组织资助而以创客空间去执行的。政府通过资助创客空间提高地区的创新能力与核心竞争力，创客空间也承担一部分社会职能，通过举办各式活动，活跃创新氛围，让创客文化深入人心，培养下一代的动手能力与创新意识，形成良好互动。

第四节　文化型创客中心

随着时代的进步，知识经济在不断发展，全球各地的产业结构都发生了改变：第一产业和第二产业的经济占比逐渐减少且向主要城市外拓展，第三产业的占比则不断增加且在主要城市内部迅猛扩张。其中，第三产业中的文化产业和经济、政治交融在一起，在国际竞争中占领优势地位，在全球化的经济发展中发挥着越来越重要的影响力。这是社会、经济和技术发展的必然结果。文化产业以其发展形式的创意性、覆盖内容的广泛性、消费方式的全球性迅速成为"新经济"的重要内容，各国主要城市的发展方式以原有的"物质性"为主要方向转变为以文化创新为重要驱动力，文化型创客也随之诞生。

一、巴黎

拥有深厚历史底蕴的法国，十分重视文化产业的发展，并将其发展看作是拉动就业、推动国民经济发展的重要手段。首都巴黎位于法国北部，是欧洲面积最宽广的城市，也是世界上最繁荣的城市之一，更是时尚之都。经过1400多年的发展和进步，巴黎成为西欧的一个政治、经济、科技、文化中心，对世界经济、政治、文化的发展产生巨大的作用。有关报告指出：巴黎在全球城市网络中凸显出先进的水平，综合评价紧随伦敦、纽约、新加坡和香港，位列全球第五位。在与其他发达城市的经济和政治发展水平的比较下，巴黎在全球城市网络中的文化影响力更加显著。巴黎的"文化产业"在20世纪70年代的城市经济转型浪潮的影响和推动下蓬勃发展，即便是今天，其"文化产业"的领域和空间也在不断发展壮大，从规模和质量上实现了影响力的快速增长。2013年《世界城市文化报告》中指出：在衡量城市文化影响力的两个核心指标——"艺术家评价"和"文化交流指数"，巴黎分别位列全球城市第一和第三，成为全球各大文明城市文化发展的航标，对世界文化的发展具有意义重大的积极作用。

（一）发展现状

巴黎最著名、最先进的文化产业是艺术类，时装、音乐、影视、艺术表演以及文化旅游产业等都是世界闻名的，时尚文化更是人们推崇和向往的。巴黎文化之所以能有今天这么显赫的成就和地位，这必须要归功于数个世纪的文化积累和文化创新，唯有随着时代的需要而不断实现发展，才能结出今天优越卓绝的文明果实。

早在18世纪，图书、戏剧、音乐等就已是巴黎普通居民的业余爱好。在今天这个信息网络飞速发展的时代，知识成为一种强有力的生产力，作用在生产和信息流通等方方面面中。巴黎现已拥有17

所国际知名大学、75个图书馆、350所高等教育机构和全国59%的研究人员，庞大的知识人才和文化底蕴，造就了出版书籍74700余册这一巨大的数量。除此之外，在巴黎，一流的大学林立，例如巴黎大学、法国国家音乐学院等，每年都吸引了无数的外国留学生，成为学者文人向往的知识与文化的殿堂。活力十足的青年怀抱着对知识的满满渴望和对真理的不懈追求，为这座城市注入了新鲜的血液。巴黎作为一座世界闻名的文化艺术之都，名胜古迹星罗棋布，共有超过1800座建筑或文物列入历史古迹名录，巴黎圣母院、爱丽舍宫、圣心大教堂、罗浮宫、埃菲尔铁塔、凯旋门、协和广场等，都是全球著名的地标。

巴黎现已拥有超过100座博物馆、200多家剧场和咖啡剧院、200个电影院、15个音乐厅。巴黎名目繁多的博物馆和艺术展览馆是其国际化的重要标志。这些博物馆具有不同的性质，有些博物馆是为专门陈列某位艺术家的遗作而设立的，有些博物馆则是带有慈善性质的，如1934年举办的莫奈作品展和1937年举办的尼西姆·卡蒙多作品展。艺术不仅仅在博物馆里，巴黎街头也经常出现艺术活动：在市中心的沙特莱广场和圣·日耳曼德伯广场常常传来青年学生和市民演奏的乐声；城市西北部的泰尔特尔广场会聚了众多的画家在此作画出售，是世界闻名的露天艺术画廊；在美丽的塞纳河畔，咖啡馆和戏剧院随处可见。丰富的文化资源促进了国际会展与旅游业的发展，吸引来的外地游客进一步带动了巴黎的经济发展，促进了巴黎的就业。

（二）巴黎文化特色

如今，巴黎在文学、艺术、戏剧、雕塑等方面都遥遥领先于全球其他城市。整体而言，法国是政府主导型的文化管理制度，所起到的作用更多是为文化保驾护航。由于法国政府和巴黎有关部门的政策保护，以及巴黎公民和迁徙者对巴黎文化的重要影响，巴黎形成了独特的文化特征，主要可以归纳为以下几点。

1. 强调文化民主与自主，坚持"文化例外"论

享有"文化艺术之都"美誉的巴黎，其文化政策一直受到中央和地方的双重影响，这是它具有独特的文化艺术气息不可或缺的原因。从城市的角度看，自2001年起巴黎市政府每年都会发布名为《文化政策》的政府文件，将其作为文化行动纲领，旨在使巴黎成为"全球文化与创意之都"。从国家战略的角度看，中央对巴黎文化的规划包含了两个层次的含义，即文化民主和文化自主，这两个含义都体现了国家对公民的尊重和对自由的希望，也是文化生生不息的动力和源泉。文化民主指文化是每个公民应该拥有的基本权利，不该受到权力、资本或阶级的垄断，公民有权利发展自己喜好的特色文化，可以自由地追求潮流和时尚。法国在乌拉圭回合谈判中提出了"文化例外"原则，"文化例外"强调文化产品非一般商品，在具备商品属性的基础上，还具备精神层面和价值观层面的内涵，在提升公民素质、促进社会繁荣方面具有非常重要的作用，文化是丰富的而不应该是死板的。因此，文化不可以完全从属于商业，贸易自由化不适用于文化产品和文化服务。法国政府以"文化例外"为理论基础制定了图书统一定价、影音节目配额制等一系列文化发展政策措施；通过公共部门的支持为各种私人的艺术创新活动提供资金补贴。文化自主是指保持本国文化的独立性，推广本国文化产业的国际化，把先进的本国文化弘扬到世界各地，在吸收他国先进文化的同时也必须避免全球化带来的文化多样性的丧失。民族和世界是共同发展和促进的，民族的文化发展了，世界文化的大花园才能更加繁荣。为了保护法国电影业不被好莱坞击垮，法国政府通过国家电影艺术中心对电影行业进行资助，并且要求公共和私有电视台必须播放超过一定比例的法国电影。"既积极参与全球竞争，又充分尊重地方特色文化"是巴黎文化的要义，也是理解巴黎文化的关键。

2. 乐于吸收不同文化

巴黎是个非常包容的城市，对待外来文化"取其精华去其糟粕"，使巴黎一直处于世界文化中心地位。得益于开放的意识，巴黎文化广泛地与各种文化交流、融合，以批判、进取的态势，充分汲取他者之长，不断丰富发展原有的文化传统，并在此基础上，萌生新的民族文化个性。纵向上它继承和发扬了16世纪人文主义的传统；横向上它看到了他国优秀文化，虚心借鉴并从中汲取精华。

3. 推动文化宣传，增强法国文化的国际影响力

新世纪以来，在经济发展动荡的局势下，面临经济滑坡局势的法国更加重视文化产业的发展，主张用"文化大国"的战略目标来提高其国际竞争力和国际政治地位。巴黎注重向全世界传播其核心价值观，许多国际组织纷纷将总部设于巴黎，多届世博会曾在这里举办，这些大大增强了巴黎的软实力。此外，法国设立了数目众多的法国文化协会，这些协会分布在世界各地，为各国的法语教学提

供师资来源，以及拨付专项资金对各国的法语教师赴法进修进行资助，通过语言的力量实现文化的交流和传播，为全球各地的人们打开了解法国的渠道和经济贸易的大门。法国与100多个国家签下文化协定和文化交流计划，在152个驻外使馆设立了文化处，在68个国家开办了134个文化学院和文化中心。法国对文化外交的重视还体现在法国政府任用文化名人为外交人员，将其视作法国名片参与外交活动。

4. 利用法语的魅力传播法国文化及思想，推动巴黎进一步走向国际化

法语被公认为世界上最优美的语言之一，17、18世纪法国文化发展的辉煌成就使得启蒙运动影响遍及欧洲，随着这次运动，法语也被带到了其他国家，形成了一股学习法语的浪潮。在当时的欧洲各国，法语受到贵族的热烈推崇，能够讲法语被认为是一种高超的能力；欧洲各国的君主经常邀请法国思想家和文学家进入宫廷，将其视作上宾；各国的王宫显贵、富商巨贾普遍邀请一些并无特长只因会说法语的法国人当家教，目的就在于学习法语；在欧洲各主要国家宫廷中也都能看到法国人担任着重要的职务，如国王秘书、部长、科学院士，等等。法语在欧洲大陆受到的广泛推崇，为法国文化的全球化奠定了基础。

（三）巴黎文化政策

由于"文化例外"论，巴黎文化需要依赖政府政策的支持和保护，这是一种政府主导型的文化制度管理。巴黎文化政策以城市特色为导向，以其丰富的历史文化为基础，吸收外来文化精华，不断扩展自身文化的内涵，注重塑造城市文化艺术氛围。巴黎文化政策在推崇精英文化的同时，还密切关注着底层文化，借鉴吸收移民文化，形成"现代杂技"、实验性音乐、先锋电影等文化创意。巴黎文化中对青少年的文化教育、对底层民众的文化宣传、对残障人士的重视以及帮助，都让民众感受到了巴黎文化独特的人文关怀，文化政策与每个巴黎人的文化生活息息相关。

在法国，所有的文化事务都统一由文化部管理，其主要的四个任务是制定法令规范、提供文化服务、进行资源分配以及繁荣文化生活。同时，在地方上设立直属的文化事务局，保证中央政府的文化政策得到贯彻实施，文化事务同样做到有法可依，有章可循。因此，巴黎文化的当今地位与法国中央和巴黎当地政府的政策是密不可分的，政府对巴黎文化的战略导向和具体措施可以归纳为以下几点：

1. 加大对文化艺术的多方面投入和政策优惠扶持

每年，法国政府对文化部的专项拨款都是大手笔的，尤其对巴黎大区的文化建设可谓不遗余力。巴黎市的公共文化投入主要分为两个部分，一部分为投资支出用于公共文化设施的建设和改造，另一部分为运作流动资金支出用于资助城市文化活动。单以2012年一年为例，巴黎市政府对文化支出的实际投资就达到6648万欧元，用于提升城市活力的运作流动资金支出达到6.204亿欧元，主要用于文化、运动、青年、就业等。

为了能更广泛地吸收更多外地文化，巴黎市政府对外来艺术家和作家的接待和补贴措施同样是非常慷慨的。每年有近50名来自世界各地的艺术家和作家来巴黎进行交流和创作，他们由巴黎市政府接待，在巴黎停留的时间从3个月至一年不等。为加强对艺术创作的管理，巴黎市政府成立了一个专门的机构，发布"公共艺术委托制度"，鼓励自由艺术家在巴黎进行街头创作，资助大量艺术家创作的同时还增加了城市的艺术氛围。此外，巴黎市政府还非常重视对艺术品的采购，除了每年投入巨额资金用于艺术品的采购，还专门建立了巴黎市艺术委员会，由专家和部分巴黎市民共同组成。一方面是为了使采购流程公开化、透明化；另一方面可以为艺术作品的采购汲取建议。为了促进当代艺术的传播，巴黎还成立了巴黎当代艺术基金会，在巴黎全市的图书馆、学校、市政府、疗养院、医院等共450个公共场所展览其藏品。基金会目前拥有当代艺术藏品2万件。

2. 加强对文化遗产的保护

在巴黎不但能感受到现代都市的魅力，更难得的是能体味到时间所留下的文化脉络。这是因为对文化遗产的保护是巴黎文化政策最重要的项目之一，巴黎市政府认为这些历史文化遗产是巴黎独一无二的资源，能够使巴黎在全球城市的竞争中脱颖而出。从2001年起，巴黎市政府专门任命负责历史文化遗产事务的副市长，于2003年成立了巴黎旧城委员会，作为专门讨论历史文化遗产问题的政府机构。巴黎市政府对历史文化遗产的定义不仅包括具有历史意义的名胜古迹，也包括所受关注不多但有价值的各个时期各种形式的物质文化遗产，如有历史意义的工业建筑和郊区建筑也在保护范围内。根据保护名录数据显示，位于巴黎市区受到保护的古建筑达3816座，其中规划的保护区面积占全市用地的九成。面对时代的进步和文化的不断发展，民众对文化的需求也在不断革新,因此巴黎市政府对历史文化不是单纯的保护修葺,还重视对它们的更新利用、与时俱进。如将殡仪馆改造为新的104艺术创作中心,将18世纪的歌剧院改造为数字艺术文化中心等。

3. 重视文化艺术的广泛普及

为了降低文化资源的获取门槛,让不同阶层的民众都能轻松自如地享受文化艺术,巴黎市政府非常重视文化艺术的广泛普及,即"文化民主"。政策最大受益者即巴黎的低收入民众和外来移民,文化艺术的全民化有助于他们更好地融入巴黎生活,他们享受着巴黎文化资源的同时也扩充了巴黎文化的多元化。为了实现"文化民主",巴黎市政府一方面降低了民众获取文化资源的成本;另一方面加强对青少年的文化教育和对广大市民的文化宣传。从2001年起,巴黎市立博物馆常设藏品的参观已经完全免费,巴黎市政厅举办的不定期艺术展览也是完全免费的。巴黎市政府还非常注重文化形式的创新,如每年定期举办名为"巴黎不眠之夜"的文化活动,活动当晚巴黎所有的地铁和公交车可以免费搭乘,鼓励大家走入博物馆、图书馆、画廊及各历史文化遗产等文化场所,免费参观各类平时需要收费的展出和建筑。

为了让人们有更多了解文化艺术的机会,除了降低文化资源成本,巴黎市政府还注重对青少年的文化教育以及对底层民众的文化宣传。巴黎从2010年起实施了名为"艺术成长"的教育计划,免费为全日制的欧盟国家学生开放巴黎的大部分文化场所,旨在让青少年对现代艺术、博物馆等有更深的了解,387所学校、10家博物馆,以及多家剧院、电影院和音乐培训机构都参与其中。为了加强普通市民对文化艺术的了解,提高其文化素养,巴黎的各类文化机构和组织开设了众多市民参与性的文化活动，例如艺术实践课程、兴趣小组等。巴黎市政府还联合公益组织，鼓励各文化场所为一些无法外出观赏文化作品和参与文化活动的特殊或困难人群提供特殊帮助，例如博物馆为听障和视障人士提供手语、唇语和触觉讲解；图书馆为视障人士提供有声或大字版图书以及不同工具；公益组织为医院病童放映电影；各电影院定期为弱视和聋哑人群放专场电影。

二、洛杉矶

洛杉矶，又称"天使之城"，位于美国加利福尼亚州西南部，是加州第一大城市，美国人口第二大城市，其地理位置优越，是一座风光秀美、气候温和的海滨城市。1848年，美国从墨西哥买下了包括洛杉矶在内的加利福尼亚地区后，这里便不断吸引了大量世界各地的移民，构成了如今多样性文化的洛杉矶。在历史文化积累上，与波士顿、纽约等美国东部城市相比，洛杉矶并不占优势，但在市政府和民众的共同努力下，许多早期的文化历史遗迹被完好地保存下来，而多样化包容性的文化氛围更是创造了无数灿烂的文化火花。

洛杉矶是一座文化名城，是一座充满着想象力和创新力的城市。洛杉矶拥有众多世界著名学府，如南加州大学、加州理工学院、佩珀代因大学等。影视娱乐方面，好莱坞、环球影城、加州迪士尼乐园等都位于洛杉矶；与其他城市相比，洛杉矶拥有更多剧院，而且每年演出戏剧1500余场。洛杉矶的文化艺术产业也在全球城市中遥遥领先。洛杉矶的加州艺术剧院搭建了创新型舞台,使艺术家可以突破艺术界限,融合多种艺术文化和思想,创造出各种题材新颖、创意独特的先锋派作品和艺术形式。在洛杉矶这座城市坐落着150余所艺术画廊及数目众多的博物馆,其中如盖提艺术中心、史格博文化中心、亨廷顿博物馆、诺顿西蒙艺术博物馆等名气更是享誉国际。蓬勃发展的艺术产业为洛杉矶营造出浓浓的艺术氛围,使之成为一座当代艺术的殿堂。

(一)洛杉矶文化创客现状

1. 电影业

好莱坞原本是洛杉矶西北部一片郊区的地名,由于当地电影业十分发达,且在美国文化中具有非常重大的象征意义,使得好莱坞扬名世界。好莱坞电影业之所以拥有如今的地位,是一个世纪以来不断的革新造就的。20世纪80年代的"新好莱坞"打破了原有类型电影和电影制片厂体制的束缚,电影拍摄地点从好莱坞核心区不断拓展开来,以知识产权为基础对电影业产品进行重新包装以扩大现有市场。80年代以后的好莱坞电影业更是充分利用了以计算机技术为基础的特效技术,借此得到了迅猛发展。至今,好莱坞已经发展为一个产品范围广、规模大的文化产品制作的综合体,可以为不同市场提供各种产品设计。

2. 旅游业

对于洛杉矶来说,文化旅游取得的收入占旅游业总收入的绝大部分,大大地推动了城市的发展。洛杉矶迪士尼乐园是世界上第一座迪士尼乐园,至今已有50多年的历史,它的游客总数达13多亿人次,平均每天的门票收入就有近百万美元。洛杉矶蓬勃发展的旅游业为当地经济做出了重要贡献,这些旅游景点在自身创造巨大的经济收入的同时,还推动了交通、娱乐、住宿、零售业等相关产业的发展,在提供了大量的就业岗位的同时促进了周边地区的城市化进程。除了给洛杉矶带来了可观的经济效益,发达的旅游业也造就了当今的洛杉矶文化,迪士尼乐园等旅游景点以及各国的游客都使得洛杉矶这座城市更加充满活力。

3. 文博业

文博业没有为洛杉矶的经济贡献出很大的商业价值,但却有极大的文化价值,是文化产业不可或缺的一部分。洛杉矶的文博业比较健全,尤其是博物馆和图书馆,如著名的当代艺术博物馆、盖蒂博物馆、洛杉矶公共图书馆等,另外它还有许多艺术表演地点,包括著名的好莱坞露天剧场和喜瑞都表演艺术中心。这些产业不以获取利润为主要目的,其运营资金除了来自门票、展览等市场渠道外,还受惠于政府基金和私人捐赠,并且这些资金主要用于维护和扩大公共事业的发展。政府部门对相关文化产业也提供了非常大的政策支持,如对博物馆免征或减征地产税,对博物馆收到的能提供合理用途的捐款免征所得税。尽管文博业对城市发展的经济效用作用不大,但其对于提升城市的文化魅力和促进社会效益具有重要的意义,为文化产品的输出提供了扎实的基础和主要的载体。

(二)洛杉矶文化创客环境

洛杉矶文化发展至今已经形成了独有的特色,是不可否认的"创意型城市"。创意型城市必须具备"3T",即技术(Technology)、人才（Talent）和包容（Tolerance）要素。其中技术的发展要依靠基础设备、发展平台、消费市场等硬性资源，人才的兴起取决于当地对文化的重视程度及文化教育资源的配置情况，包容则是一座城市的文化环境。这三点恰恰都是洛杉矶市在多年发展所形成的优势，也是洛杉矶文化产业兴起的动因。

1. 完备的基础设施

洛杉矶作为一座国际性大都市，其金融、交通、信息枢纽为文化产业的发展提供了一个广阔的平台。艾博特在《大都市边疆》一书中称洛杉矶为"太平洋边缘的纽约"。洛杉矶市长布拉德利在其自传中对洛杉矶市的重要地位给予了高度评价："洛杉矶代表了未来，因为世界的未来在太平洋区域。作为通往太平洋国家的通道城市，洛杉矶跨在美国和环太平洋区域的交通和贸易通道中间。环太平洋区域的打开将在许多方面改变人类历史，洛杉矶已经在这深远变化的边缘做好了准备。"洛杉矶海关区是全美国最繁忙的海关，其美元的贸易额已超过纽约。洛杉矶还是全美高速公路之都，高速公路极为发达，机场、港口等设施也极为完备。铁路通勤服务、地铁和轻轨等也在不断地完善中，为洛杉矶的城市拓展和经济文化发展提供了有利条件。

2. 丰富的文化教育资源

洛杉矶的文化教育事业非常发达，在大洛杉矶地区共有254个高等教育机构，包括7所国立学院及大学和众多私立高校。比较著名的有加州理工学院、加利福尼亚大学洛杉矶分校和南加州大学等，这些全球著名的高等教育机构不仅为洛杉矶培养了大量的人才，更是吸引着全世界的优秀人才流入。此外，高等教育机构作为开放社区，提倡多元化思想，更是为创新性思维产品和文化提供有力的舞台，是产生文化多样性的源泉。

3. 政府政策支持

不同于巴黎市政府的大笔资金投入，洛杉矶市政府主要运用合理管理和政策优惠的手段来促进文化产业的发展。洛杉矶市政府对城市文化产业的维护和发展的主要作用体现在两方面：一是适度开发和建设各类文化设施，二是通过开展各类文化活动以提升城市文化创造力。洛杉矶市政府对城市文化产业的管理制度完善且分工明确，主要由文化事务局、社区授权局和人民历史建筑管理委员会三个政府机构运营。

（1）文化事务局主要负责洛杉矶市的公共文化管理，职能之一就是管理和维护剧院、画廊、音乐厅等公共文化活动场所。洛杉矶文化事务局每年资助的非营利文艺组织和文艺项目多达300项，覆盖舞蹈、音乐、媒介、视觉艺术等许多文艺领域。其中有两项非常有创新性特色的政策：一个是"百分之一公共艺术"，要求固定资产建设项目将其投资额的百分之一作为公共文化活动的发展经费投入城市文化基础设施；另一个是"墙壁计划"，保护具有历史文化价值的墙壁的同时，修葺装饰公共场所的墙壁使其美观而有文化内涵。

（2）洛杉矶的社区授权局主要负责授权和指导各个社区开展自我管理。洛杉矶建立了96个社区，实行自我规范和管理。社区自我管理的重要内容之一就是文化。城中心的部分社区还联合成立了历史文化社区委员会，定期召开会议讨论研究文化社区的未来走向。

（3）洛杉矶人民历史建筑管理委员会的主要职责是管理老城

区的历史建筑。除了历史建筑管理委员会，洛杉矶政府还成立了大大小小多个机构和组织以维护历史建筑，如名为"修复计划"的机构，该机构的资助支持除了政府还有众多民间组织和市民。

4. 宽容和多样的文化环境

一个世纪多的发展历程使得洛杉矶由一个区域性的制造业中心转变为国际大都市，其中最重要的因素是其宽容和多样的文化环境。这样的文化环境使得洛杉矶成为一个世界性的移民城市，如洛杉矶的"中国城""小东京""小西贡"，外来移民在提供大量劳动力促进经济发展的同时，更为这座城市塑造了多元化的文化，为文化产业的发展提供了良好的环境。洛杉矶优越的地理环境、便捷的交通、完善的文化设施以及强力的政府政策支持则成为文化产业兴起的动力与有效保障。

第五节　国际对比及启示

一、国际创客城市的对比

不同的城市有其独特的魅力，不同城市的创客文化也各有特色。这些城市由于历史条件和内外部环境存在差异形成了不同的地域文化，每座城市也都拥有其比较优势。有注重科技整体发展的硅谷、悉尼和特拉维夫，有聚焦于某产业发展的奥斯汀和斯图加特，有关注于服务的伦敦和班加罗尔，还有看重城市文化创新的巴黎和洛杉矶。由于这些城市聚焦点有所区别，因此各自的发展现状也大相径庭，但无疑这些城市在其特长之上都是全球城市中的佼佼者，是各国企业和公民的朝圣之地。现将这些创客城市大放异彩的必要因素总结如下。

（一）优良的创客氛围

一座城市的创客氛围对创客发展起到至关重要的作用。创客空间的存在就凝聚了一座城市里的各种创新想法，塑造了浓烈的创新氛围。这里的人们有着相同的兴趣，无论是高新技术产业、传统手工产业甚至是艺术，都可以在这里找到同道中人。有着不同经验和技能的人们在创客空间聚集，共享知识和资源，碰撞出创新的火花，探讨实践的路径。由于彼此的地域、产业、社区等因素存在差异，不同的创客空间在定位和功能上不尽相同，但相同的是在这些不同的创客空间中，创客可以排除现实社会的种种诱惑和压力，专心于自身热爱的作品，其获得成功的概率大大增强。除了创客空间，城市整体氛围也是非常重要的，如特拉维夫每天都有两三个创新创业的活动和会议；硅谷对创业创新的支持，敢于冒险不惧失败的乐观心态；悉尼科技大学有近四成的学生已经开始自主创业或怀有创业的想法；巴黎"街头艺术"的活跃与备受推崇。这些文化氛围是这些城市的宝贵财富，也是有利于创客发展的最佳环境。

（二）完备的基础设施

任何产业的创新发展靠的绝不仅仅是好的想法，创新实践所需的基础设施是其必备条件。一个好的创意要转化为产品并为市场所用，要经历调研、设计、实验、制造、推广、宣传、销售，各个环节都需要专业渠道和专业人员来实现，仅凭创意人或创意团队是很难完成所有步骤的。从创意到实现是从根本上发生变化，从产品到商业模式更是一次跳跃性的提升，每一次都饱含失败的风险。创客空间可以为创客提供工作场所、基础设施，后期也可以帮助他们将实验样品进行推广、商业模式化。此时，创客空间不仅是激发创客创意的沃土，更是帮助创客实践创意的有力援手：一方面为各创客提供基础的软硬件设施，使他们可以专心调研、设计、测试；另一方面也吸引了众多需要创意的投资方，可以使这些好的创意付诸实践。

（三）开放的创客文化

在城市的发展中，一些城市为保护自身特色不被外来因素干扰，对外来文化的包容性很低，呈现出以排斥性为主的城市文化，外来文化在这些城市发展不畅，而外来移民也难以真正融入城市文化中。还有些城市过于注重吸收外来文化乃至成为替代性包容文化，随着城市发展，自身传统文化逐渐消除，失去城市原有的特色，城市生命力逐渐减退弱化。本文中提到的优秀创客城市尽管传统文化各不相同，但它们的城市文化都有共同的特征，即在保护自身传统文化的同时积极引进融入外来文化的精粹。如悉尼是澳大利亚国内倍受各国投资者青睐的移民目的地；特拉维夫政府设立的一揽子优惠政策鼓励全球各地的创业者通过"创业签证"会聚而来；巴黎市政府对外来艺术家和作家的热情接待和补贴措施。在城市规模扩大的过程中，城市包容性逐渐增强，来自不同地区、所持不同文化观的人群在交往中实现不同文化的交流和发展,使城市文化的内容和多样性得以增强。实现这种文化多样性并不是进行简单的整合,而是根据文化的内在理论和逻辑关系,对不同文化的精华部分进行融合蜕变形成新的城市文化。这个过程是以城市发展和繁荣为导向,以更长远的眼光和博大的文化胸怀,兼收并蓄、去粗取精的过程。在这样的容纳蜕变过程中,不同的文化思想相互碰撞,迸发出无数创新意识,诞生了众多优秀的城市创客。

(四)强力的政府支持

许多创客在起初只是怀揣一个创意,尽管创客空间给予了较为理想的平台,但要将这些创意转变为现实的产品并进行商业模式化,需要大量的资金与优良的市场环境。这时,政府对创客的支持显得尤为重要。政府除了需要给创客资金上的援助,还需要给创客创造出公开、透明、高效的市场环境,放松管制,激发创客的创新能力。值得注意的是,如前面几节的创客城市,悉尼市政府大力扶持本土企业家自主创业,特拉维夫市政府将传统的图书馆分出一半空间给刚创业的年轻人使用,奥斯汀市政府特别设立创新办公室为城市创客提供研究、咨询和战略设计服务,斯图加特地区拥有德国11%以上的研发费用,英国政府投入大笔资金建设本土创客空间,巴黎市政府举办"巴黎不眠之夜"。在这些创客城市中,政府对当地创客的支持都是资金上的投入、政策上的优惠或间接咨询帮助,起的都是第三方辅助作用,绝不是直接的规划与引导。创新创业不是"管"出来的,而是"放"出来的,政府只需要给予创客宽松的市场环境和资金政策上的支持,对创客的产品给予安全的专利保护，企业和团队个人自会在激烈的竞争中求生存求发展，且有动力有能力迸发出一个个创意，并将其付诸实践。

（五）丰富的教育资源

百年大计，教育为本。教育是立国之本，能够推动社会发展和国家富强，从一定意义上来说，决定着一个国家的未来。同样，一座城市想要创新创业也需要从青少年抓起。只有从小接受创新教育，锻炼创新思维，激发创新想法，才能诞生城市整体的创新氛围。但这恰恰正是中国学校教育极其缺乏的，我们的学校一直使用"最优"的统一标准，对孩子们的创新思维不够重视，使学生都从固定的条条框框中培育出来。正是这样，企业团队中才会如此缺乏拥有创新思维的人才。反观前面几节的杰出创客城市，无一不是对学生的创新意识给予十分的重视，如悉尼科技大学拍下价值1000多万澳元的仓库用于支持学生创新创业；特拉维夫的部分高中为激发学生的创新想法开办为期一年的创业课程；斯图加特地区拥有德国分布密度最高的学术和研究机构；伦敦和班加罗尔的创客空间都非常注重对年轻学者和业余人士的教学培训；巴黎实施名为"艺术成长"的教育计划，让全日制欧盟国家学生都可以免费参观巴黎的大部分文化场所。这些学校和教育机构对学生创新创业的重视才是真正的未来创客孵化器，更是城市创新发展的未来。

二、对深圳创客发展的启示

总结优秀创客城市的经验，将有助于我们根据自身的条件对比出哪些优势我们需要继续弘扬，哪些劣势我们需要及时弥补改善。深圳作为中国的创新创业聚集地，吸引了无数创客，深圳的创客发展在全国无疑是遥遥领先的。原因可以简要地总结为以下三点：

1. 深圳的城市氛围比较宽容。深圳本是由一个小渔村发展而来，现有的深圳居民绝大多数为外来人口，因此城市文化的开放性和对异地文化的包容性很强，相比北京上海等一线城市虽然少了些传统地域文化，但更少了"排外"氛围，如深圳的口号所言"来了就是深圳人"。这样的城市氛围对吸引全国甚至全球的优秀创客无疑是非常有利的条件。

2. 深圳的创新创业热情更高。深圳今天的繁荣靠的就是创新，在这座城市中什么都可以想象，什么都可能发生。中国近年来各行各业的许多创新龙头企业都在这座城市中崛起，如华为、腾讯、大族激光、大疆科技、华大基因等等，这样的创新氛围带动激发了更多的下一代创新创业。此外，深圳的年轻人在总人口的比例更是远超其他一线城市，年轻人的勇敢闯劲激荡着深圳的创新活力，更是推动了深圳人的创业热情。

3. 优异的环境资源。深圳毗邻香港，面向世界，人才流、信息流、技术流都是内地一般城市难以望其项背的。深圳的产业优势在于高新技术产业和金融服务业，站在"互联网+"的时代背景上，更容易诞生风口上的创业者。

　　这些都是深圳创客发展得天独厚的优势，但在弘扬它们的同时也要看到自身的不足。如相比硅谷、悉尼、伦敦等，深圳的创客文化仍显寡淡，政府对创客空间的资助、对创客的政策支持较为乏力，学校和教育机构对学生创新意识的培养和对学生创业的扶持鼓励也缺乏重视。我们相信，在借鉴优秀城市的成功秘诀、看清自身的相对缺陷后，深圳创客的未来是光明坦荡的。

第六章　深圳创客创业的挑战与展望

第一节　深圳创客创业的问题与挑战

2016年5月，国务院办公厅印发了《关于建设大众创业万众创新示范基地的实施意见》，《意见》要求系统部署双创示范基地建设工作，并确定了首批28个双创示范基地。《意见》指出，为在更大范围、更高层次、更深程度上推进大众创业万众创新，加快发展新经济、培育发展新动能、打造发展新引擎，按照政府引导、市场主导、问题导向、创新模式的原则，加快建设一批高水平的双创示范基地，扶持一批双创支撑平台，突破一批阻碍双创发展的政策障碍，形成一批可复制可推广的双创模式和典型经验。其中，在全国28个双创示范基地中，深圳占据两席：南山区入选区域示范基地，招商局集团有限公司入选企业示范基地。

在《意见》出台之前，2016年《政府工作报告》部署和《国务院关于大力推进大众创业万众创新若干政策措施的意见》已事先出台。这些文件均针对创新创业问题，可见我国政府愈加重视整体创新能力,同时大力扶持和鼓励创业。在相关创业政策的推动下,全国"双创"氛围热度空前,各种创业项目也不断涌现,资本和产业资源也纷纷聚焦在创业项目上。

实际上,在2015年下半年,创新创业这股热情似乎有一些低落,产业频频出现项目死亡名单,有不少创客认为投资的冬天已开始出现;同时,各种资本、创客空间等产业扶持力量的介入,并未带来预料的理想效果。资本、产业资源该如何配置、如何发力才能有效引领创客创业?创客的出路在哪里?创客的挑战有哪些?如何应对这些挑战?这都是摆在创客面前的亟须解决的问题。

一、创客团队如何将创新和生产真正融合是一个主要的问题

深圳号称"创客之都",大量有着绝佳创意的、胸怀抱负的年轻人聚集到这个有活力的城市大展身手,创客团队大量涌现。创新团队面临的一个主要问题就是将创意变为产能的效率过低。事实上,在本质定位上,创客团队更多是扮演着"研发者"的角色,而不是"生产者"的角色。这就要求创客考虑如何将研发、应用和生产有机结合。如果创客团队只是单纯地注重创意,很可能会创业失败。这是因为,创意、应用和生产每个环节都与创业项目的成败息息相关。正如天津瑞茵科技有限公司CTO潘昶所说:"创意仅是创业成功的10%;把产品做成功,完成了20%~30%;剩余部分则是商业化。创业中的每个环节都有可能导致创业项目失败。"因此,可以看出创客团队仅仅有好点子、好想法、好创意是远远不够的。

创客需要投入资金，需要维持日常开支，那么就必须要重视利润来源。很显然，创意转化为生产是极其重要的，且产品的销路和前景更是创客团队需要事先加以测度的。英特尔中国区在线业务部总经理刘钢指出："从创意到原型的实现是创客团队的优势所在，不过创客团队还会遇到如何降低成本、改善工业设计、大规模量产等挑战，这些环节创客团队往往很难克服。"总体而言，深圳创客数量多，创意广，但如何把创意真正落实到生产，真正做到"两张皮"无缝衔接则是创客需要深入思考的。

事实上，美国麻省理工学院的"产学研"模式值得借鉴。麻省理工学院是创业的高手，其开创了"大学—产业—政府"模式，即所谓的"三螺旋模式"，将"产学研"的"三位一体"的模式发展到了极致：在时间上，与产业运作、政府合作同时进行；在空间上，不分主次并列进行。因此，对于有好点子，但无法将其转化为产能的创客团队而言，参照麻省理工学院的做法是相对合理且较为可行的，即依托实力强劲的高校和科研机构，将好创意最终应用于生产。实际上，这也是目前深圳大力推行的一种模式，即高校和科研机构加速与创客融合，并且提供更为高效的"产学研"一体化的平台。近年来，北京大学、清华大学等国内顶尖高校纷纷在深圳开展研究生或本科教育，同时深圳还积极与国际顶尖和知名高校接触，开设相关的专业性的研发机构。这些都是将创客和产能进行无缝衔接的重大举措。

二、创客同时面临着融资利用、经营管理及消费预测等诸多挑战

创客在创业过程中，只有好点子、好创意是远远不够的，如果无法将创意有效转化为生产，那创业很可能会遇到很大的阻碍。另外，创客团队在融资的利用上、企业的经营管理上，以及对消费者消费能力及偏好的预测上，均面临着多方面的挑战。

首先，在融资利用方面，有些创客将拉到风险投资看作是创业成功，实则不然。上文提到，创客团队不应当仅仅将创意列为重中之重，同时更应该关心如何实现创意转化为产能。很多创客或创业团队在拿到投资后往往对项目如何"落地"关注不够。陕西亚美科技COO邢程认为："30%～40%的创业团队将拿到风投看作是创业成功，导致主要精力不是在考虑如何推动项目落地，而是放在了想办法如何拿到风投，以至于一些项目拿到风投后，后续项目在运营推进上并不乐观。"可以预见，如果越来越多的创客团队只注意拉风投，而不注意资金的管理和运用，以致最终无法转为有效的生产，那么投资也会对创客的关注越来越低，甚至完全撤出对创客的投资。由于资金是逐利的，且向资源富集和有前景的行业流动，故不难理解2015年下半年投资冬天苗头出现的原因。库尔集团董事长李雨峰表示："创业团队通常具有技术基因，但在资金管理、市场运营等方面并不擅长。创业团队并没有能力用好投资资金，最终导致投入的资金成为泡影，创业项目失败。"因此，我们认为，创客团队如何对取得的投资加以合理运用，如何进一步加强项目落地是创客创业的关键性节点，绝不能抱着获得投资即为创业成功这种想法。

其次，在经营与管理经验方面，大多数白手起家的创客并非是"官二代"或"富二代"，特别是在深圳这样的创业城市。由于很多创客是高校毕业（或研究生及更高）后直接进入创业阶段或初次创业，故创客团队即使有很好的创意和点子，但他们可能对企业的管理、运营等多方面缺乏经验甚至是完全不了解，特别是对于有关经营公司的知识技能，如财务、营销和管理等方面只停留在理论阶段。创业具有很强的实践性，需要长时间的经验积累，并不是纸上谈兵或者是闭门造车就能够实现的。因此，在很多创客团队创业的过程中，遇到一些棘手的实际问题时，往往难以应对。在高校学习过程中，虽然也有许多模拟创业大赛等活动，但毕竟和真正的市场经营和创业运作有极大的差别。在创客创业期间，即使在企业运作初具规模的情况下，由于实践经验相对缺乏，导致经营管理不够完善，进而效率低下、人才流失、入不敷出的现象也是频繁出现的。此外，近年来，创客"单飞"的现象也在不断增加，例如知名的"腾讯创业系"，很多腾讯原员工在具有较强行业经验及运作经验后"单飞"创业，并获得较高的融资，但最终企业如何管理，如何进行有效市场开拓和经营，如何抓住高质量人力资本等均是较为重要的现实问题。因此，对于深圳的创客而言，如何在创业过程中提高市场经营和企业管理经验、如何处理财务问题、如何进行人力资源管理等多方面问题是务必加以重视的。

最后，创客创业不一定能够有效掌握消费者消费能力和偏好。消费者行为一直是经济学、管理学、社会学及心理学等多学科研究的重点和难点问题。可以说，消费者的需求层次是多样的、有差异的，而且不会由于一般性的外部因素而完全改变。因此，创客及创客团队很难有效揣测或预计消费者的偏好，更不具备教育消费者的能力，所以，他们很难在短期内在大众群体中推广普及最新的创新产品。正如思锐达传媒总经理吴利民所说："整个智能产品对教育消费者的投入远远不够，创业团队前期不具备经济实力，无法像大公司那样大手笔地推广。在产业前期，没有3到5年的时间，无法走通面向大众消费者的这条路。"此外，如果一旦创客成功预测了消费者整体的潜在偏好，很有可能在创造出相应产品之后，消费者的偏好却改变了，这样创业也就失败了。同样地，一种商品消费者消费能力如何、消费的层次如何划分等问题也是创客团队较难预计的。因此，创客需要对消费者进行全面的剖析，找准客户群体，并进行相关调研。

除以上所说的几点之外，创客创业还会面临较多基本的挑战，如梦想远大，但第一步无法落地；想面面俱到，却无法聚焦；模式陈旧，无法吸引消费者；风险意识薄弱，抗压能力差；人脉资源窄，无法形成持续客户群等。虽然目前深圳乃至全国的创客在创业过程中可能遇到方方面面的挑战，很多创客项目可能遇到暂时的投资"冰河期"，但随着政策支持力度的加大，以及创客的艰苦创业，相信创客创业的"春天"不会太遥远。

第二节 总结与展望

本书系统性地对深圳的创客进行了介绍，并对深圳创客发展硬环境支撑、软环境支撑，深圳创客的演进历史以及国际创客城市实践进行了详细描写和分析，并配以翔实的案例来进行说明。最后，本书对深圳创客面临的挑战进行归纳，并对深圳创客未来的发展进行展望。总体而言，无论是国际趋势，还是在我国的政策环境下，创客创业这一模式已基本被大众所接受。虽然创客创业面临着来自各个方面的挑战，但其发展前途是光明的。

一、深圳创客目标：从"Made in China"到"Created in China"

改革开放之后，我国经济取得长足的发展。在新世纪之前，我国经济发展主要依靠人口红利和劳动密集型产业拉动，但也造成了一个无法回避的问题，"Made in China"虽然在世界各处都能看到，却成为价格低廉质量较差产品的代名词。

华为是深圳的骄傲，其发展历史也是深圳发展的一部浓缩史。近年来，华为手机异军突起，其高性价比得到了国内外消费者的厚爱，在全球手机市场份额方面，华为手机稳坐世界智能机第三把交椅（2016年第三季度）；在国内市场方面，华为手机市场份额达到19.7%（2017年第一季度）。可以说，正是强大的创新能力，使"中国制造"逐步过渡到"中国创造"，高性价比和高技术含量赢得了国内外市场的"芳心"。"华为系"的著名子公司——海思半导体也是异军突起的"中国创造"的代表。随着智能4G手机的兴起，海思的芯片业务的发展取得了长足进步。中国移动此前对其4G手机终端选型时，最终入选产品的芯片供应商除了知名的高通与Marvell之外，就只有华为海思。2017年1月，海思的麒麟960被

Android Authority评选为"2016年度最佳安卓手机处理器"。实际上，在我国创新速度不断加快的环境下，大批典型的"中国创造"也为世界所关注：我国的高铁、北斗导航系统、大飞机……这一切都证明了我国由单纯山寨、模仿的"中国制造"彻底变革为自主创新的"中国创造"。

可见，中国创客的力量不可小觑。特别是有着"创客天堂"美誉的深圳，其创客的潜在优势表现得更为明显，这与所谓的山寨制造体系密切相关。曾几何时，深圳被誉为"全国最大的山寨城市"，但换一个角度思考，山寨企业之所以能够山寨，就是拥有这个行业完整的制造系统和原料供应体系。而企业之所以山寨，是因为没有设计和创意，依靠仿制他人产品来生产制造。在深圳，创客能更容易把产品原型转变为大规模生产的工业产品，"中国制造"只需创客这一催化剂，就能较为顺利地转化为"中国创造"。在互联网时代，软件开源和硬件开源给我国的企业提供了难得的平等创新机会，故深圳将创客的设计和创意嫁接于低端仿造企业，并将创客的巨大创造性和制造需求与山寨企业完备的供应链资源和制造能力进行优势互补和匹配，一定能迸发出惊人的能量。因此，深圳的创客是实现由"Made in China"到"Created in China"的源泉和最佳载体。

二、基于美国创客发展形势对深圳创客创业的展望

创客运动从美国硅谷来到中国大约是在2009年，虽然进入中国只有10年，但发展比较迅速，这是因为我国具有强大的制造业

体系、丰富的人力资源,以及雄厚的资本。这也为创客创业提供了绝对优厚的条件。目前,国内创客经过数年的发展初步形成了以北京、上海和深圳三大一线城市为中心的创客文化圈。三座城市各有优点和特点。北京创客更具跨界协同创新精神,因为北京汇聚了全国最为顶尖的高校及相关技术人才;上海创客更显得直接和回归本质,这与国外创新气氛有一定的相似之处。相比之下,深圳创客更加追求务实和高效,也就是"实用性";同时,深圳是国内创客产业链最为完整的城市,深圳的创客可以在这条完整的产业链中小到找各种电子元器件,大到找各类加工厂和相关的技术工程人员。"一体化"式的创客产业链能够快速完成从点子和创意到产品的基本原型,再到批量生产的全过程。此外,独特的"深圳效率"也使创客产业链一体化的速度更为加快。

据报道,国外有1000多个可以分享硬件和生产设备的创客空间。2011年,约有12000个创客项目在美国kickstarter众筹网站募集到了将近1亿美元;2012年,18109个创客项目在kickstarter上成功筹集资金约2.74亿美元。美国是创客的发源地,也是创客运动的发扬光大者。早在2012年,美国时任总统奥巴马就签署了《促进创业企业融资法》和《就业法案》,从而有效地推动了更多众筹平台的出现,为创新和创意提供了有力的资金支持。2014年6月,奥巴马参观了一家美国创客空间,并于第二天在白宫亲自主持一场创客盛会,会见了包括学生、企业家以及普通市民在内的创客代表。从美国创客发展的形势可以看出,作为发达国家代表和高科技引领者的美国,仍然不断鼓励大众创新,并且积极支持创客的发展。

基于以上分析及总结目前国内和国外创客发展的经验和模

式，未来深圳创客创业和发展的潜在模式有以下几个方面。

首先，创客主体身份的复合化。对于创客而言，其在创业初期只是创意的提出者。在创客创业发展过程中，创客的身份也需要不断地复合化。换句话说，创客在企业发展的过程中，需要有效地将自己的身份从科学家向企业家进行转变，即从技术人员向企业管理者转变，从创新的爱好者向企业的运营者转变。说白了，最终就是创客主体的知识宽度的不断拓展。

其次，创客创业形式的多元化。据《深圳商报》报道，2015年一整年，深圳创业型的创客和带有兴趣爱好的创客共有1万多人，一年内共新增创客空间42个，为创客提供硬件和软件服务的创客服务平台共30个。2015年底，深圳技能人才总量已经达到286万人，几乎为深圳总人口的1/6。标准、质量、品牌、信誉"四位一体"已经成为深圳创客的典型特征。随着深圳创客数量的进一步增加，以及政策扶持的进一步到位，创客的创意将会涉及生活中的方方面面，创业的形式也将趋于多元化。同时，软硬件服务、孵化器及相关平台也会更为齐全，服务范围更加广泛。

再次，"四众"模式发展的灵活化。在"双创"的大背景下，基于互联网的创业创新规模化发展，创客创业的"四众"模式也应运而生，即"众筹""众创""众包"和"众扶"模式。其中，在这"四众"模式中，众筹创业是创客比较普遍采用的一种方式，其最适合的就是那些创意较多较新，但苦于没有资金付诸实践的创业者。这也恰恰符合目前"大众创业"的理念。实际上，目前我国居民储蓄率不断攀升，投资意愿较为强烈，但限于我国投资渠道相对有限，于是投资房产成为一种直接且主要的选择。众筹使居民的投资渠道进一步拓宽，低门槛使居民参与率进一步提升。可见，众筹创业模式自诞生之日起便有着强大的生命力。此外，"众创""众包"和"众扶"近几年也呈迅速发展的态势。未来，创新资源的配置将会更灵活、更精准，从"四众"模式可能还会衍生出相结合或者其他相对特殊的模式，也就是说，"四众"模式随着发展会变得更为灵活。

最后，企业分配方式的多样化。创客创业过程中，如何进行有效的企业管理是需要解决的重要问题。因此，未来的创客在企业管理最为重要的一环——分配方式上会采取更加多样的措施。例如劳资关系股权化、员工持股的形式呈现多样化等。此外，目前已经有很多创客在创业之初就开始预留员工"股份池"，为优秀的人力资本提供较强的激励。对于"创客天堂"的深圳而言，新创立的企业中以契约的形式确定的有限责任合伙制的权责和分配关系的案例正在增多；另外，通过合作共赢，共担风险，以及共享利益满足投资者与创新创客之间的不同需求层次也是可行之路。

综合以上的分析，创客在国内发展具有极大的空间，同时也是我国未来创新的主要引擎和原动力。作为"创客天堂"的深圳，更应借助这个契机努力向世界性的"创客之都"迈进。

参考文献

[1]邓元宏. 美国洛杉矶市的文化资源建设与开发[J]. 文化学刊, 2016 (10).

[2]董莉莉, 沈平. 山地城市特色风貌的塑造——德国斯图加特城市风貌的特点及启示[J]. 城市发展研究, 2007.

[3]樊露露. 克利夫兰公共图书馆创客空间的构建分析[J]. 图书馆学研究, 2015 (2).

[4]高建, 肖斌. 深圳市创业环境研究[J]. 特区经济, 2005 (7).

[5]高洁. 深圳金融业发展问题研究[J]. 现代商业, 2017 (14).

[6]何泳. 大知识产权工作制度为"创客之都"夯实根基[N]. 深圳特区报, 2015-04-10.

[7]胡著胜. 深圳经济体制改革二十年[J]. 特区经济, 2000 (5).

[8]黄辉. 巴黎文化产业的现状、特征与发展空间[J]. 城市观察, 2009 (3).

[9]黄兆信, 赵国靖, 洪玉管. 高校创客教育发展模式探析[J]. 高等工程教育研究, 2015 (4).

[10]贾烈英. 巴黎如何成为世界文化中心城市[J]. 公共外交季刊: 2013春季号, 2013.

[11]贾烈英. 走向世界文化中心之路——来自巴黎的启示[C]. 北京中青年社科理论人才"百人工程"学者论坛, 2011.

[12]蒋慧. 巴黎公共文化服务体系的构建[C]. 复旦大学, 2014.

[13]李焱. 创新: 深圳金融展翅高飞的推动力[N]. 深圳特区报, 2012-01-12.

[14]林力. 世界500强最年轻的总裁——戴尔的成才之路[J]. 民营导报, 2000（5）.

[15]卢肃霜. 浅析二十世纪七十年代以来美国洛杉矶文化工业与城市化之间的相互作用[C]. 四川外语学院, 2011.

[16]聂祖平. 使"奔驰"汽车畅通无阻的卡尔·本茨[J]. 世界发明, 1995.

[17]邱东东. 从"制造"走向"智造"——以得克萨斯州奥斯汀市为例[J]. 安徽理工大学学报, 2016（2）.

[18]沈勇. 深圳金融十年实现大跨越[N]. 深圳特区报, 2015-08-18.

[19]沈兆伍. 深圳经济特区行政管理体制改革的回顾与思考[J]. 行政管理研究, 1990（2）.

[20]宋春悦. 深圳: 创客之城[J]. 中国科技奖励, 2015（4）.

[21]谭冰梅. 深圳创新体系中的新金融力量[N]. 南方日报, 2016-05-12.

[22]唐柳雯. 深圳集聚金融要素打造创新中心[N]. 南方日报, 2017-06-14.

[23]田倩飞, 房俊民, 王立娜, 等. 英国创客空间的组织方式及运作机制[J]. 科技创新与应用, 2015（13）.

[24]王敏, 徐宽. 美国图书馆创客空间实践对我国的借鉴研究[J]. 图书情报工作, 2013（12）.

[25]王湘波. 深圳市创业人才培养现状、问题及对策[C]. 湘潭大学, 2016.

[26]魏华颖. 深圳吸引国际人才政策建议[N]. 特区经济, 2011（9）.

[27]肖晗. 打造创客产品商业化的跳板[N]. 深圳商报, 2015-11-19.

[28]谢莹, 童昕, 蔡一帆. 制造业创新与转型: 深圳创客空间调查[J]. 科技进步与对策, 2015（2）.

[29]许璇. 文化产业与城市发展: 以二战以来的洛杉矶大都市区为例[J]. 华东师范大学, 2009.

[30]杨辰, 周俭, 弗朗索瓦丝·兰德. 巴黎全球城市战略中的文化维度[J]. 国际城市规划, 2015（30）.

[31]杨婧如. 服务创客有了"深圳标准"[N]. 深圳特区报, 2015-10-20.

[32]杨立勋. 后特区时代的深圳人才发展战略与对策[J]. 特区经济, 2003 (6).

[33]尹明明. 巴黎文化政策初探[J]. 中国传媒大学学报, 2010(12).

[34]张鸿义. 深圳金融中心建设的总结、评价与展望[J]. 开放导报, 2015 (2).

[35]张鹏. 深圳创新科技金融服务:"孵化"孵化器[N]. 中国高新技术产业导报, 2014-11-03.

[36]赵瑞希. 深圳前海金融创新活力显现[N]. 深圳特区报, 2016-08-27.

[37]郑恺. 南山将成全球创客理想乐园[N]. 深圳商报, 2014-11-17.

[38]中国人民银行深圳市中心支行课题组, 林平, 孟浩. 企业自主创新的金融支持:深圳案例[J]. 南方金融, 2015(8).

[39]庄瑞玉. 深圳创业扶持政策最抢眼[N]. 深圳特区报, 2017-04-17.